高校网球教程

章凌凌 汪琪 ◎ 主编

上海财经大学出版社
SHANGHAI UNIVERSITY OF FINANCE & ECONOMICS PRESS

图书在版编目(CIP)数据

高校网球教程 / 章凌凌,汪琪主编. -- 上海：上海财经大学出版社, 2025.5. -- ISBN 978-7-5642-4626-6

Ⅰ.G845

中国国家版本馆 CIP 数据核字第 2025VE9420 号

本书由上海财经大学本科课程与教材建设项目资助出版。

□策划编辑　陈　佶
□责任编辑　石兴凤
□封面设计　贺加贝

高校网球教程

章凌凌　汪　琪　主编

上海财经大学出版社出版发行
(上海市中山北一路 369 号　邮编 200083)
网　　址：http://www.sufep.com
电子邮箱：webmaster@sufep.com
全国新华书店经销
上海新文印刷厂有限公司印刷装订
2025 年 5 月第 1 版　2025 年 5 月第 1 次印刷

787mm×1092mm　1/16　8 印张　113 千字
定价:48.00 元

《高校网球教程》

主编：

章凌凌（上海财经大学）

汪　琪（上海财经大学）

编委：

陈周业（上海体育大学）

刘　强（上海第二工业大学）

李　臻（上海海事大学）

李　君（上海电力大学）

王　玥（同济大学）

李庆宁（上海南湖职业技术学院）

高　瑜（上海财经大学）

目 录

第一章 网球运动概述 / 001
 第一节 网球运动的起源和发展 / 001
 第二节 网球高度职业化 / 003
 第三节 网球运动的项目特征 / 004

第二章 国际网球组织与网球赛事体系 / 006
 第一节 国际网球联合会 / 006
 第二节 世界女子网球协会 / 007
 第三节 世界男子职业网球协会 / 008
 第四节 国际网球评级比赛系统 / 009

第三章 国际主要网球赛事 / 012
 第一节 四大满贯 / 012
 第二节 世界最高水平团体赛 / 027
 第三节 我国国内重大国际赛事 / 029

第四章 网球场地设备与器材 / 033
 第一节 标准网球场及设备 / 033

第二节 快易网球(网球入门3阶段)场及设备 / 034

第三节 网球拍 / 037

第四节 网球线 / 038

第五节 网球拍手柄吸汗带 / 040

第五章 网球基本技术 / 042

第一节 握拍 / 042

第二节 正手技术动作 / 048

第三节 双反击球技术 / 050

第四节 单反技术 / 052

第五节 发球技术 / 053

第六节 接发球 / 056

第七节 截击球技术 / 057

第八节 削球技术 / 059

第九节 高压球 / 060

第六章 网球比赛规则 / 062

第一节 网球比赛的积分规则 / 062

第二节 计分阶段 / 063

第三节 高校网球教学中的实用比赛方法 / 064

第七章 高校体育网球课 / 066

第一节 课程介绍 / 066

第二节 网球大纲 / 067

第三节 教学任务 / 069

第四节 教学内容 / 069

第五节　网球课程教案　/ 075

第八章　大学高水平网球队训练　/ 082
第一节　网球专项体能训练　/ 082
第二节　大学生高水平运动员训练计划　/ 088

第九章　网球常见运动损伤及处理　/ 100
第一节　运动伤害的处理原则　/ 100
第二节　擦伤、扭伤　/ 102
第三节　水泡、跟腱炎、腱鞘炎、抽筋、半月板损伤　/ 103
第四节　肩关节、膝关节损伤　/ 106
第五节　网球肘　/ 108

第十章　网球相关英语词汇　/ 111
第一节　关于网球场地部分　/ 111
第二节　关于网球装备　/ 112
第三节　关于网球技术用语　/ 113
第四节　国际网球组织和赛事用语　/ 115
第五节　网球比赛和裁判用语　/ 115

参考文献　/ 119

第一章

网球运动概述

网球是世界第二大球类运动。它的起源及演变可以简要地概括为:网球孕育在法国、诞生于英国、开始普及和形成于美国、现盛行于全世界,是一项高度职业化的运动。[1]

第一节 网球运动的起源和发展

网球运动的起源可以追溯到12—13世纪的法国。当时在传教士中流行着一种用手掌击球的游戏,两人在空地上隔着一条绳子,用手击打皮革制成的小球,这种类似网球打法的游戏,法语称之为 Jeu de paume。一般认为,这种游戏就是网球运动的前身。此后,通过不断地演变,到了15世纪以后,人们不再直接用手,也不戴手套,而是发明了穿线的木框球拍来打球。

网球运动最早流行于当时法国的宫廷贵族之间,是一种皇家宫廷内供贵族们消遣的游戏(见图1-1)。到14世纪中叶,这种活动从法国传入英国。16-17世纪是英法两国宫廷内网球运动的兴盛时期。

现代网球运动被认为是从1873年开始的,一个名叫温菲尔德(Wingfield)的英国人出版了一本有关这种游戏的书,改进了早期的网球打法,使之成为在

图片来源:百度。

图1-1 宫廷网球

草地上进行的活动,并取名为"草地网球"(lawn tennis)[2];1874年又进一步确定了场地的大小和球网的高度。网球运动稍具规模,成为一项室内和室外都能进行的体育运动。lawn的意思是草坪;tennis的本意在法国为tenez,英语叫做"Take it! Play"——英国人以英语发音而变为Tennis,也称为贵族运动(royal game)。

1877年4月,全英板球俱乐部正式名为"全英板球及网球俱乐部";同年7月,第一届草地网球冠军赛在温布尔登举办,大赛制定了新的网球计分法,从而改变了原先普遍沿用的板球积分方法。

1881年,美国草地网球协会成立,并于同年和1887年分别举办了首届男子和女子单打锦标赛。

1891年,法国首次举行了男子单打和男子双打锦标赛,参加者限于法国公民;女子单打始于1897年。

1904年,澳大利亚草地网球协会成立,并于1905年开始主办澳大利亚锦标赛,设男子单打和男子双打两个项目;1922年增加了女子单打、女子双打和混合双打三项。

1896年，在雅典举行的现代第一届奥运会上，网球的男单和双打被列为正式比赛项目。后来，由于国际奥委会和国际网球联合会在"业余运动员"问题上存在分歧，已经连续七届进入奥运会的网球比赛项目被取消。直到1984年的洛杉矶奥运会上，网球才被列为比赛项目。到1988年的汉城奥运会上，网球重新被列为正式比赛项目。[3]

法国网球公开赛、英国温布尔登网球锦标赛、美国网球公开赛和澳大利亚网球公开赛合在一起，代表着世界上最有声望的"大满贯"网球赛。任何一名选手或一组双打选手能在同一赛季中赢得任一公开赛事的冠军，便获得"大满贯"优胜者的荣誉。金满贯，是指网球选手在职业生涯中获得所有四大满贯赛事的冠军和夏季奥运会网球项目的金牌。迄今为止，世界网坛仅有5位选手获得过金满贯的荣誉：第一位是德国网球运动员格拉芙（一生22个大满贯和1988年汉城奥运会冠军）；第二位就是格拉芙的丈夫，美国网球运动员阿加西（职业生涯一共拿到8个大满贯单打冠军和1996年亚特兰大奥运会男子单打冠军）；第三位是西班牙天王纳达尔（职业生涯22个大满贯冠军和里约奥运会双打冠军）；第四位是美国的小威廉姆斯（职业生涯23个大满贯冠军和2012年伦敦奥运会女单冠军）；第五位是塞尔维亚选手德约科维奇，他在2024年巴黎奥运会网球男单决赛中获得首枚奥运金牌，成就个人"金满贯"。

第二节 网球高度职业化

1968年，国际网球联合会（International Tennis Federation，ITF）宣布允许职业网球运动员参加比赛并设立奖金，极大地促进了网球项目的发展，网球从此进入公开赛时代，职业网球逐渐形成以四大满贯赛事和以不同级别的巡回赛构成的职业网球赛事体系。[4]根据2016年男子职业网球联合会（Association of Tennis Professionals，ATP）与国际女子网球协会（Women's Tennis Association，

WTA)公布的赛程信息,2016年全年,男子网球比赛自1月3日至11月25日,共计71项赛事,持续47周;女子职业网球比赛自1月3日至10月31日,共计66项赛事,持续44周。为了得到更多的积分和奖励,职业网球运动员需要尽可能多地参加职业比赛。

根据ITF和WTA公布的排名,网球单打运动员(世界排名前4,查询时间为2016年6月)中2011—2015年男子运动员每年平均参加18.2站赛事,共进行75.8场比赛;女子运动员每年平均参加20.1站赛事,共进行69.1场比赛。[4]

全球网球赛季从每年1—11月底,主要围绕1-2月的澳网及系列赛、3-4月的北美及欧洲系列赛、5月法网(红土)系列赛、6-7月的欧洲及温网(草地场地为主)、8-9月的北美及美网系列赛,以9-10月中旬以中国为主的亚洲赛季,以及10月中下旬—11月底的欧洲室内赛季及年终总决赛。

第三节 网球运动的项目特征

网球比赛属于一个以有氧供能为主导的过程,磷酸原供能在回合内的加速、减速和击球过程中起重要作用。比赛的总体强度并不高,运动员在击球与多回合高强度对抗中以无氧供能为主,运动员的生理学强度在短时间内会达到较高的水平,而在回合之间的休息过程中有氧供能帮助运动员快速恢复。

从生理学层面看,网球比赛的整体生理学强度并不高,运动员在比赛过程中平均最大摄氧量(VO_2)为20-30ml/min/kg(45%—55% VO_2max),平均心率为135—155次/min(70%—85% HRmax),平均血乳酸<4 mmol/L,主观疲劳度为12—14(中等强度),平均代谢当量为5—7 METs。但是,平均强度并不能有效地反映间歇性运动项目的强度特征。网球平均回合时间为4—10s,但在某些比赛中长回合时间在60s以上,长回合过程中运动员的瞬时VO_2接近

50ml/min/kg，达到运动员最大摄氧量的 80%，瞬时 HR（心率）可达 200 次/min，接近运动员的最大心率（HRmax），长回合后运动员的即时血乳酸浓度可达到 8 mmol/L，主观疲劳度达到 17（属于高强度）。网球比赛中回合时间越长，间歇时间越短，运动强度就越高。[4]

第二章

国际网球组织与网球赛事体系

第一节　国际网球联合会

1913年3月1日,12个国家的代表在法国巴黎举行了全体会议,正式宣告国际网球联合会成立。[5]截至1990年初,在国际网联注册的已有156个网球协会。中国网协1980年被接纳为该组织的正式会员。

ITF的主要职责是负责有关网球比赛的一切事务,制定网球规则,为发展中国家的网球教练开设培训班;协调世界青年、成年和老年的网球比赛。1980年,ITF成立了国际网联基金会,并筹集资金建立了许多有助于比赛和服务设施的公司,在发展网球运动中发挥了作用;1985年,ITF成立了医疗委员会,负责对参赛队员进行药物检查;同年成立了资格审查委员会,负责审查参赛者的资格,规定了青少年选手参加职业比赛的年龄。国际网联所负责的传统赛事有四大公开赛、戴维斯杯、联合会杯、奥运会网球赛和国际青少年网球比赛(U18以下)。

第二节　世界女子网球协会

世界女子网球协会成立于 1973 年,总部设在美国佛罗里达州的圣彼得斯堡。自 1975 年以来,WTA 引入电脑排名系统,其主要任务是组织女子职业选手的各种比赛,管理职业选手的积分、排名奖金分配等。WTA 所负责的比赛包括除联合会杯和四大公开赛以外,还有每年举行的各级女子职业巡回赛及年底的总决赛,并根据运动员的积分决定排名。

一、积分规则

本周积分(16 站积分) = 上周世界积分 + 上周获得积分 − 上年上周同时期所获积分(不是同站比赛积分)

二、积分构成

● 4 个大满贯 + 4 个强制顶级赛(皇冠赛) + 2 个最好超五项级赛 + 6 个最1000 赛 + 6 个最好的其他赛事积分。

● 4 个大满贯 + 4 个皇冠赛 + 2 个超五赛为 TOP 20 强制参赛指标,每缺一项,则强制计一个 0 分。

● 上赛季年终 TOP 10 每年必须承诺参加 5 项超五赛事中的 4 项,且不能连续两年缺席同一赛事。如果缺席承诺赛事,则每缺一项强制赛事,计一个 0 分。

● 上赛季年终 TOP 10 每年必须参加至少 2 项顶级赛,否则每缺一项强制赛事,计一个 0 分。

● 上赛季年终 TOP 10 每年只允许参加 2 项国际赛,且上下半年各一场,以温网作为分界线。

第三节　世界男子职业网球协会

20世纪80年代以来,职业网球以空前的速度发展。于是各种形式的大奖赛、表演赛层出不穷,使职业球员疲于奔命,越来越不满,最终出现了以"球员工会"自居的世界男子职业网球协会。ATP是世界男子职业网球选手的"自治"组织机构,1972年成立于美国公开赛之时,1973年引入电脑排名以来,其任务是协调职业运动员和赛事之间的伙伴关系并负责组织和管理职业选手的积分、排名、奖金分配以及制定比赛规则和给予可取消参赛选手资格等工作;从1989年开始,其负责主办除四大公开赛和戴维斯杯以外的所有男子职业网球赛事。

一、积分规则

本周积分＝上周世界积分＋上周获得积分－上年上周同时期所获积分(不是同站比赛积分)

二、积分构成

● 上赛季年终排名TOP 30选手的积分构成。

● 4个大满贯＋8个强制1000赛＋6个最好成绩(包括500分赛、250分赛、奥运会、戴维斯杯及挑战赛;但500分赛必须至少参加4站,且其中一站必须在美网后)＋年终总决赛(未参加则不计)。

● 大满贯＋8个强制1000赛不参加的比赛,强制计0分。

● 上赛季年终排名TOP 30以外选手的积分构成:积分最多的18站比赛成绩之和。这18站比赛级别没有限制,但只要参加大满贯和1000赛,所获积分就计入世界积分,不能被其他更多的低级别赛事积分代替。

第四节　国际网球评级比赛系统

国际网球评级比赛系统(Universal Tennis Rating, UTR)是适合大学生参加的国际网球评级比赛系统,是基于对一名球员12个月内最近30场比赛的数据进行综合考量的算法系统,也是校际网球协会(Intercollegiate Tennis Association, ITA)美国大学网球高水平的官方水平评级系统。评级从1.0(初学者)到16.5(ATP世界第一的德约科维奇)。这个算法不是只看胜负,而要综合看对手的能力强弱、具体比分,更关注具体的比赛能力。不论性别、年龄、国籍,全世界的网球参与者只依据网球水平高低,只要在UTR系统里出现的球员之间的比赛都可以有清楚的级别参照,并成为新数据的来源。截至目前,进入UTR系统的已经超过100万人,进入系统数据库的比赛也超过了1 000万场。对于大学生群体而言,在课堂上学习了网球技术后,经过一段时间的练习,就可以有选择地参加周边俱乐部的UTR比赛,该积分以训练比赛化、比赛训练化为目的。同时,该积分是全球通用的比赛积分系统,可以迅速匹配到同水平的网球爱好者参加比赛。目前,我国已经引进这一比赛积分体系,并在全国迅速普及开展。图2-1为通用网球评分转换表。

UTR从初学者1.0开始,并通过整数进步到16(见图2-2)。16是ATP巡回赛上顶级男子运动员的水平等级。我们把这个曲线分为四个发展阶段,每个阶段包括四个UTR层次。

- 第一阶段(L1-L4级):学网球的早期阶段,代表能力的进步

这一级别非常适用于大学生在网球课学习之余通过俱乐部报名等方式参加比赛,以积累比赛经验和提高各项技能战术。

- 第二阶段(L5-L8级):代表青少年更高级水平和成人中级水平

此阶段包括ITF和USTA(US Tennis Association)青少年锦标赛,以及世界

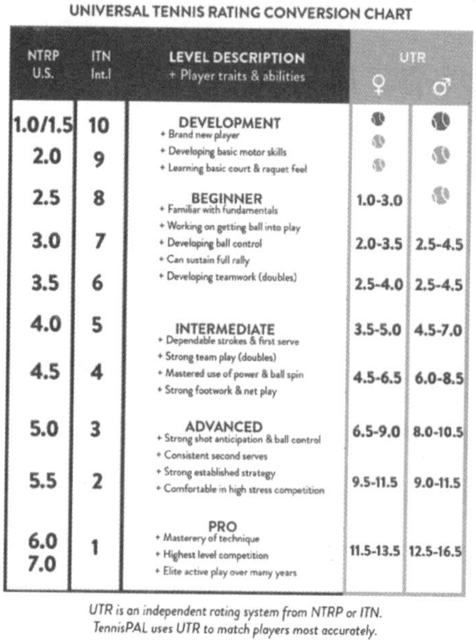

UNIVERSAL TENNIS RATING CONVERSION CHART

NTRP U.S.	ITN Int.l	LEVEL DESCRIPTION + Player traits & abilities	UTR ♀	UTR ♂
1.0/1.5	10	**DEVELOPMENT** + Brand new player + Developing basic motor skills + Learning basic court & raquet feel		
2.0	9			
2.5	8	**BEGINNER** + Familiar with fundamentals + Working on getting ball into play	1.0–3.0	
3.0	7	+ Developing ball control + Can sustain full rally	2.0–3.5	2.5–4.5
3.5	6	+ Developing teamwork (doubles)	2.5–4.0	2.5–4.5
4.0	5	**INTERMEDIATE** + Dependable strokes & first serve + Strong team play (doubles)	3.5–5.0	4.5–7.0
4.5	4	+ Mastered use of power & ball spin + Strong footwork & net play	4.5–6.5	6.0–8.5
5.0	3	**ADVANCED** + Strong shot anticipation & ball control + Consistent second serves	6.5–9.0	8.0–10.5
5.5	2	+ Strong established strategy + Comfortable in high stress competition	9.5–11.5	9.0–11.5
6.0 7.0	1	**PRO** + Mastery of technique + Highest level competition + Elite active play over many years	11.5–13.5	12.5–16.5

UTR is an independent rating system from NTRP or ITN.
TennisPAL uses UTR to match players most accurately.

图片来源:百度。

图 2-1　通用网球评分转换表

各地的各种形式的成人比赛。

● 第三阶段(L9 – L12 级):高级竞技水平运动员

L9 级和 L10 级包括男子和女子球员进入 NCAA DⅢ(三类大学)及以上级别的大学网球校队,还有 LTA 18 岁组的顶级女子球员。

L11 级包括高排名的 NCAA DⅠ(一类大学)女子球员和在 ITF 巡回赛上取得成功的国际级女子球员,以及欧洲顶级排名的 14 岁组男子球员和 16 岁组女子球员。

L12 级包括在大多数 ITA 大学网球校队中有价值的运动员,以及在 WTA 取得成功的女子职业选手。高排名的 USTA 区域性青少年男子球员、欧洲排名顶尖的 16 岁组男子球员和 LTA 18 岁组男子球员,也在此水平之列。

● 第四阶段(L13 – L16 级):对应于最高的竞争水平

L13 级的球员包括排名靠前的 WTA 球员,她们以打网球为生,经常赢得职

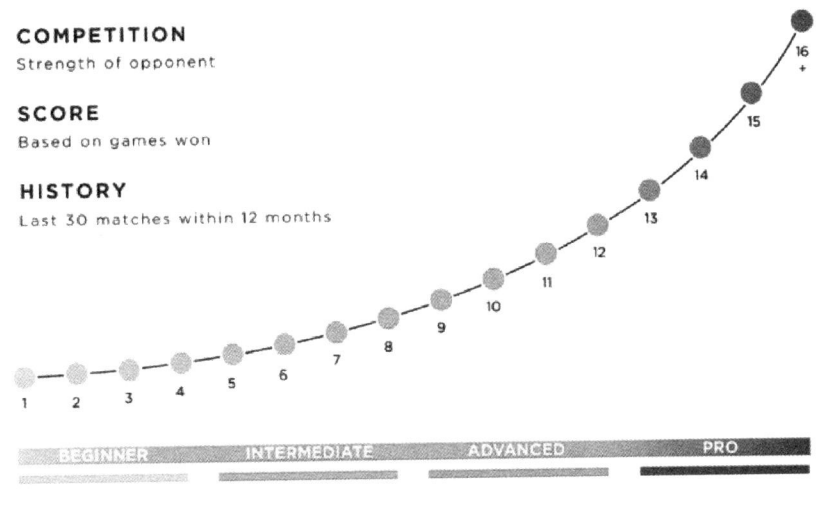

图片来源：百度。

图 2—2 UTR 比赛评级表

业赛事。高水平的国家级和 USTA 男子球员也属于 L13 级。

L14 级包括在 ITF 赛事中获得世界级成功的青少年男子球员，以及打 NCAA D I（一类大学）的 ITA 顶级大学男子球员。

L15 级的男子球员有实力进入 ATP 挑战者巡回赛。

L16 级是顶级的 ATP 球员，他们以打职业比赛为生。

第三章

国际主要网球赛事

第一节 四大满贯

一、澳大利亚网球公开赛

（一）简要介绍

澳大利亚网球公开赛（Australia Open），简称"澳网"，是网球四大满贯赛事之一。比赛通常于每年1月的最后两周在澳大利亚维多利亚州的墨尔本公园举行，是每年四大满贯中最先举行的一个赛事，也是最年轻的大满贯。[6]

澳大利亚网球公开赛创办于1905年，已经有100多年的历史，其中，男子比赛创建于1905年，女子比赛始于1922年。刚开始举办比赛是使用草地网球场。[7]在1968年网球实现职业化后，澳大利亚网球锦标赛就被列为四大公开赛之一。

● 1972年，由于各界对比赛地点不确定的非议日渐高涨，赛事组织者决定将比赛固定在一个能够吸引最多的赞助商和观众的城市举办，澳网落户在墨尔本。在接下来的16年里,澳网一直在墨尔本的库扬网球俱乐部(the Kooyong Lawn Club)的场地(见图3-1)上举办。

图片来源:百度。

图3-1 墨尔本的库扬网球俱乐部

- 1977年,澳网由通常的1月改到12月举办,这一年举办了两届比赛。
- 1986年,将比赛推迟到第二年1月举办。后来这一赛期一直沿用至今。
- 1988年,政府斥巨资在墨尔本中央商务区南边的Flinder Park新建的网球中心比赛。观众人数大幅攀升,超过26万名观众亲临现场观看比赛,而前一年在库扬网球俱乐部中心这一数据仅有14万人。也正是启用新场地,澳网才由草地改为硬地球场。
- 1996年,比赛场地再次扩大,并更名为墨尔本公园。
- 2000年,为了纪念澳大利亚网球英雄——历史上唯一一位两度实现真正大满贯的罗德·拉沃尔(Rod Laver),中央球场(见图3-2)以此命名。
- 2001年,墨尔本多用途球场(现名为海信球场)首次投入澳网比赛,成为墨尔本公园第二大球场。

图片来源:百度。

图3—2 澳网中央球场

(二)球场的变化

在1988年比赛场地改为墨尔本公园之前,澳大利亚网球公开赛采用的是草地球场。草地网球场的特点是球落地时与地面的摩擦小,球的反弹速度很快。在1988年比赛搬至墨尔本公园举办后,比赛场地改为硬地球场。硬地表面平整、硬度高,球的弹跳非常有规律,但球的反弹速度较快。因此打法全面的选手可以占到一定的优势,它不仅有利于底线抽击,也适合发球上网;既适于打下旋球,也适合高吊球和放短球。目前,最新的场地材料为Plexicushion,这种新场地的丙烯酸合成材质提高了球速,并使其更接近美网所使用的Deco Turf材质。与此同时,场地颜色也从单一的浅绿色变为有深浅区分的蓝色。

中国网球运动员在澳网取得了辉煌的战绩,也有人说澳网是中国球员的福地。李娜2014年1月25日在澳大利亚网球公开赛女单决赛中以7∶6(3)和6∶0战胜斯洛伐克的齐布尔科娃,首次夺得澳网冠军(见图3-3)。这是她继2011年法网登顶后再次夺得四大满贯赛冠军,也是亚洲人首度夺得澳网单打冠军。2019年,张帅和斯托瑟配合,获得女双冠军(见图3-4);2024年,年仅22岁的郑钦文获得澳网女单亚军。

图片来源:百度。

图3-3　2014年李娜获得澳网冠军

图片来源:百度。

图3-4　2019年张帅和斯托瑟获得澳网女双冠军

(三)参赛奖金

男子单打与女子单打比赛项目的奖金数额相同。2019年,澳网总奖金创历史新高,为 7 100 万澳元,男子、女子单打冠军奖金为 412 万澳元(见表 3-1)。

表 3-1　　　　　　　　　　澳网奖金数额　　　　　　　　　单位:澳元

轮次	男子单打 女子单打	男子双打 女子双打	混合双打
冠军	412 万	75 万	18.5 万
亚军	205 万	37.5 万	9.5 万
半决赛	92 万	19 万	4.75 万
四分之一决赛	46 万	10 万	2.3 万
第四轮	26 万	-	-
第三轮	15.5 万	5.5 万	-
第二轮	10.5 万	3.25 万	1.15 万
第一轮	7.5 万	2.1 万	0.595 万

澳大利亚网球公开赛的冠军名字将被永久刻在冠军奖杯上。男子单打比赛的冠军将被授予"诺曼·布鲁克斯挑战杯"奖杯。这个奖杯的名字是为了纪念 19 世纪初杰出的澳大利亚网球运动员诺曼·布鲁克斯。他是第一位夺得温布尔登网球锦标赛的非英国籍选手,并在 1911 年夺得了澳网冠军。该奖杯于 1934 年首次被颁发给男子比赛冠军,当年的冠军是弗雷德·佩里。

女子单打的冠军奖杯为"达芙妮·阿克赫斯特纪念杯"。该奖杯是由新南威尔士网球协会捐赠,并为了纪念 1933 年去世的达芙妮·阿克赫斯特。出生于澳大利亚新南威尔士州的阿克赫斯特曾经 5 次夺得澳网冠军。该奖杯于 1934 年首次颁发给女子单打比赛冠军,当年的冠军为澳大利亚选手琼·哈蒂根。

二、法国网球公开赛

(一)简要介绍

法国网球公开赛(French Open),简称"法网",是一项在法国巴黎罗兰·加洛斯(Roland Garros)球场举办的网球赛事,通常于每年的 5—6 月进行,是每年第二个进行的大满贯赛事。

该赛事创办于1891年,最初命名为"法国网球锦标赛",创立之初只是法国国内的网球小型比赛,只允许法国的网球俱乐部成员参加。第一届法国网球公开赛是一个只设有男子单打项目且只进行一天的小型比赛。1897年,比赛首次加入女子单打比赛。在1915—1919年之间,比赛因第一次世界大战被迫停赛。

法网是在红土球场上进行的大满贯比赛,标志着红土赛事中的最高荣誉,同时也标志着每年红土赛季的结束。由于红土场地上球速较慢,且男子单打比赛采用五盘三胜制,因此参加比赛的选手需要超群的技术和惊人的毅力。图3-5为法国网球公开赛中心球场。

图片来源:百度。

图3—5 法国网球公开赛中心球场

法国网球公开赛开赛已经超过100年。在过去的100余年中,除了两次世界大战被迫停赛11年外,其余年份均是每年举行一届。所有的大满贯男子和女子比赛各有128名正选签位和64对双打签位。比赛组委会也为获胜者准备了丰厚的奖金,2016年的总奖金达到3 201.5万欧元。

法网的男子单打冠军奖杯是火枪手杯,女子单打冠军奖杯是苏珊·朗格朗杯。2011年,李娜2∶0力克对手取得冠军,是中国选手首夺大满贯单打冠军(见图3-6)。2023年,我国选手王欣瑜和谢淑薇配合,获得法网女双冠军(见图3-7)。

图片来源:百度。

图3-6　2011年李娜获得法国网球公开赛女单冠军

图片来源:百度。

图3-7　2023年王欣瑜/谢淑薇获法网女双冠军

(二) 赛事特色

在红土场上,以底线型选手较为占优,而发球上网型选手则丝毫不占优势,因为球弹起的速度很慢,就给了对手更多调整的时间。因此,罗兰加洛斯成为许多世界顶级高手的滑铁卢。不少顶级网球运动员在另三项大满贯赛事中出尽风头,却苦苦追求法网冠军不得,例如,桑普拉斯获得了14个大满贯冠军,但法网一直将他拒之门外。类似的球员还包括麦肯罗、贝克尔、休伊特等著名网球运动员,这也造就了红土场的特别之处。而著名的西班牙选手纳达尔,职业生涯共获得14个法网男单冠军,创造了男子网坛纪录(见图3-8)。

图片来源:百度。

图3-8 纳达尔获得法网14冠

三、温布尔登网球锦标赛

(一) 简要介绍

温布尔登网球锦标赛(Wimbledon championships)简称"温网",是一项历史最悠久、最具声望的世界性网球公开赛事,由全英俱乐部和英国草地网球协会于1877年创办,举办地在英国伦敦郊区的温布尔登,是网球四大满贯之一。温网是四大满贯税后奖金最少的比赛,通常于每年的6月或7月举办,是每年度网球大满贯的第三项赛事,排在澳大利亚网球公开赛和法国网球公开赛之后、美国网球公开赛之前,也是四大满贯赛事中唯一的草地比赛。整个赛事通常历时两周。此外,温布尔登还为退役球员举办特别邀请赛。

(二)球场介绍

温布尔登网球中心球场是举行决赛的地方,可容纳观众17 400人。1号球场可容纳观众11 400人,2号球场能容纳观众4 000人,3号球场可容纳观众2 000人(见图3-9)。

图片来源:百度。

图3-9 温布尔登网球公开赛比赛全景

由于比赛时间适逢伦敦雨季,因此球场配有可折叠的屋顶,于2009年完工。1号球场在1997年经过一次大型重建,由毗邻中心球场的原址搬到一个新的可容纳更多观众的专用场地。遗憾的是,1936年以来,英国的男子球员一直没有举起过冠军奖杯。直到2013年的温网,英国选手穆雷直落三盘,击败了德约科维奇,终于圆了英国人再次夺冠的梦。

作为以一个小城市冠名的比赛,温网有着和其他三大满贯不同的传统,绿色和紫色是温网的传统代表色,而参赛的选手须穿着白色的秋衣,是四大满贯赛中唯一规定球员穿着颜色的。此外,女选手在整个赛事中其姓之前被冠以"小姐"或"夫人"(如主裁判宣报比分时),而男选手则直呼其姓。

每年比赛历时两周。从传统上讲,赛事中的周日无比赛。第一周内举行第一阶段赛事,而第二周则举行"16强"、四分之一决赛、半决赛和决赛。

男子单打冠军将获得一座约45.7厘米高的镀金奖杯——"挑战者杯"。女子单打的奖品为一个直径约48.2厘米的银盘,通常被称作"Rosewater Dish"或"Venus Rosewater Dish",中文通译为"玫瑰露水盘"。图3-10为温布尔登网球公开赛单打冠军奖杯。

图片来源:百度。

图3-10 温布尔登网球公开赛单打冠军奖杯(盘)

(三)赛事特色

对于比赛观众,草莓配奶油是他们在观看比赛期间的传统零食(见图3-11)。此外,对于观众着装规定虽然已经有所减少,但是比赛时男性观众依然不能穿短裤，女性则不能戴帽子。

图片来源：百度。

图3-11　温网传统美食草莓配奶油

英国郁郁葱葱的草地是现代网球的发源地，温布尔登网球锦标赛在四大满贯中历史最悠久。温网的历史让其特别有厚重感，与其他网球赛事相比，温网的特色非常明显。

受到科技不断进步的影响，全英俱乐部于2024年10月9日宣布，温网将从2025年起使用电子系统，取代已为温网赛事服务了147年的约300名司线裁判。目前使用电子系统替代传统司线工作是大势所趋。四大满贯赛事中现仅有法网还没有向人工司线裁判说再见。

（四）种子排位

和其他三项大满贯不一样，温网可以不完全按照世界排名来定种子排位，因为这项赛事是由一个私人俱乐部在经营。从2001年开始，温网的种子排位就由其独立委员会决定。他们将参考这些球员过去几年的草地表现，再根据其世界排名的高低排出种子位置。

这个特殊的计算方式是：以温网开始前一周的世界排名积分作为基础，另外再加上过去12个月的所有草地赛事的积分以及此前12个月中最好的草地赛事积分75%。考虑到每个赛季的草地赛事数量有限,因此这个方式也能照顾那些擅长在草地作战的球员。另外,这个温网种子排位计算公式,同时也提高了女王杯、纽波特、海尔托亨博思等草地赛事的重要性,因为这些赛事的每一场胜利,都可能帮助球员在全英俱乐部获得更好的种子排位。也正是由于这个特殊性,2010年温网开赛前当时世界排名跌至第二位的费德勒仍然可以力压当时世界排名第一的纳达尔,成为头号种子。小威廉姆斯在2011年世界的排名一度跌至第26位,但仍然以7号种子身份征战温网。

(五)天气

正如费德勒所说的"下雨已成为温网的一部分",雨中的温网有着其独特的魅力。在温网100多年的历史上,曾经有30个比赛日因为下雨一场也打不成。1922年,温网开始在教堂路的女王俱乐部举行,此后有16届比赛在两周内未能完赛,只好拖延到第三周。

如果温布尔登公开赛中下几场雨,没人会觉得新鲜,但要是哪届温布尔登比赛没有下雨,人们倒要感到奇怪,因为6月原本就是伦敦的雨季。

(六)"几乎全白"的网球服

温网一直保留着一个传统的规定:一律要求球员穿着白色网球服以表示对英国王室的尊重。温网组委会要求选手必须身穿"几乎全白"的传统运动服,这曾经让很多前卫青年非常反感。前金满贯得主阿加西就曾抵制过这一规定,但当他捧起温网冠军时,仍然乖乖地穿上了白色运动服(见图3-12)。

(七)零广告

和法网、美网铺天盖地的广告不同,除了几大主要赞助商外,温网的主赛场几乎一直不变,从外观来看,和100多年前的温布尔登球场没有明显改变。

在英国人看来,打真正的网球就是着真正的纯白,不需要掺杂任何的装饰,

图片来源:百度。

图 3—12　费德勒身着全白比赛服参加温网比赛

不需要加入商业元素,不需要广告牌。

(八)奖金

2018 年温布尔登网球锦标赛的总奖金为 2 400 万英镑,比 2017 年提升 7.5%,其中,单打冠军奖金提升到 225 万英镑。

四、美国网球公开赛

(一)简要介绍

美国网球公开赛简称美网,是每年度第四项也是最后一项网球大满贯赛事,通常每年 8 月底至 9 月初在美国纽约举行。赛事共分为男/女单打、男/女双打和混合双打,并且也有青少年组的比赛。自 1978 年开始赛事在纽约国家网球中心举行。

美国网球公开赛一共包括五个单项,即男子单打、女子单打、女子双打、男子双打和混合双打。值得一提的是,混合双打是 20 世纪初叶由男子单打表演项目演变而来。

美国网球公开赛的影响虽比不上温布尔登,却大于澳大利亚甚至法国网球公开赛。美国网球公开赛最开始名为"全美冠军赛",只是由业余选手参赛的一项锦标赛。经过组委会的不懈努力,美网才从业余赛事发展到世界上奖金最丰厚的大满贯职业赛事。每年夏天,在美国国家网球中心进行的美国网球公开赛都能吸引超过50万名球迷到现场观看。

(二)比赛场地和奖金

美国主要球场为拥有2.3万个座位的阿瑟·阿什球场,以1968年赢得男子单打冠军的著名非洲裔美国网球选手阿瑟·阿什命名。[8]阿瑟·阿什在1993年死于艾滋病,原因是他在接受心脏手术时因输血而感染。2号球场路易斯·阿姆斯特朗球场在阿瑟·阿什球场落成前为主要球场,是中速硬地球场。

美国是一个高度商业化社会,获美网男、女单打冠军者均可得190万美元,而总奖金是"四大公开赛"中最高的。2024年,美国网球公开赛的总奖金为7 500万美元,相比2023年增长了15%。

(三)美网系列赛

与其他三项大满贯不同的是,为了鼓励球员参赛,美网组委会在2004年创办了美网系列赛。以2010年的美网系列赛为例,美网系列赛由六站ATP赛事和五站WTA赛事组成,ATP赛事则比WTA赛事早一周进入美网系列赛时间。2010年的美网系列赛由7月19日开赛的亚特兰大网球冠军赛开始,连续六周,直到8月30日美国网球公开赛的到来。其中,ATP1000赛罗杰斯杯和辛辛那提大师赛(WTA中这两项赛事是"超五赛")为重点赛事,如果能在两项赛事中取得好的成绩,会获得更高的赛事奖金、世界积分、美网系列赛积分,甚至在美网中拿到额外的奖金。

五、奥运会网球比赛

1896年,网球在首届现代奥林匹克运动会上被列为正式比赛项目,是当时唯一的球类比赛项目。然而,由于对业余选手的定义问题,网球在1924年之后被移出奥运会。

1968年墨西哥城奥运会和1984年洛杉矶奥运会,网球作为展示项目短暂回归。

1988年首尔奥运会,网球再次成为奥运会正式项目,并设立了男女单打、男女双打四个单项。2012年伦敦奥运会增设了混合双打项目。

从2000年悉尼奥运会起,男子网球运动员能够收获相应的参赛积分,女子网球运动员从2004年雅典奥运会开始同样能得到积分。但由于ITF与ATP、WTA之间的矛盾,2016年里约奥运会之后,参赛球员将不会得到任何积分。

2004年雅典奥运会,李婷/孙甜甜夺得女双金牌,这是中国网球历史上首对奥运金牌得主。

2008年北京奥运会,郑洁/晏紫获得女双铜牌。

2024年巴黎奥运会,郑钦文勇夺女单金牌,成为中国网球历史上首位奥运女单冠军(见图3-13)。王欣瑜和张之臻获得混双亚军(见图3-14)。

图片来源:百度。　　　　　　　图片来源:百度。

图3-13　2024年郑钦文获得奥运女单冠军　图3-14　王欣瑜/张之臻2024年奥运混双亚军

第二节　世界最高水平团体赛

一、戴维斯杯

戴维斯杯团体赛(Davis Cup),是由美国人戴维斯提倡举办,并捐赠银质奖杯授予冠军队,其代表了世界最高级别的男子网球团体赛(见图3-15),由国际网球联合会主办。1900年,第一届比赛在美国波士顿举办,美国队夺得冠军。2000年,在戴维斯杯举办100周年之际,129个国家或地区参与竞争。到2024年,戴维斯杯实际上已经举办了112届(因两次世界大战停办10年)。比赛每年举行一次,采取两级的升降级比赛的办法。第一级称世界组,由16个队参加,成员是前一年比赛的前12名和4个分区赛(即第二级的4个区的比赛)的第一名,这一级的冠军队即获奖杯;第二级分为欧洲A区、B区、美洲区和东方区四个区比赛,获得各区第一名的可参加下一年第一级的比赛。

图片来源:百度。

图3-15　戴维斯杯男子网球团体赛

戴维斯杯网球比赛采用的是五盘三胜制,决胜盘实行长盘制,没有抢七。但如果一方球队已经率先赢下三场比赛获得晋级资格,余下的比赛将变成三盘两胜制,决胜盘实行抢七制。五场比赛分别是:第一天比赛是由双方的头号单打和二号单打相互对战;第二天是双打的比赛;第三天则是头号男单之间先比赛,接着是二号男单之间的比赛。

二、联合会杯

联合会杯网球赛始于1963年,是国际网球联合会主办的国际网球女子团体赛(见图3-16),为纪念其成立50周年而举办。第一轮比赛在伦敦的女子俱乐部举行,同样是每年进行一次。现规定参加者超过32个队时,进行预选赛,正式比赛按32个队抽签,采用淘汰制。

图片来源:百度。

图3-16 联合会杯女子网球团体赛

联合会杯网球赛仿效戴维斯杯赛的比赛方法,实行"联合会杯新赛制",由上年度联合会杯赛四分之一决赛的8个队组成世界组,其余8个组成为A组。这两组的比赛采用一次主场和客场的比赛方法。

在世界组中，第一轮获胜的4个队进行半决赛，失败的4个队和A组获胜的4个队进行比赛，比赛获胜的4个队进入下一年的世界组。A组第一轮失败的队同各区中获胜的队进行比赛，然后由4支获胜的队进入下一年度的A组比赛。4支失败的队则参加下年度的区级比赛。

世界组A组的比赛采用五场三胜制，第一天进行两场单打比赛，第二天进行两场单打比赛和一场双打比赛，双打放在最后进行。

第三节 我国国内重大国际赛事

一、上海大师赛

上海大师赛（Shanghai Masters）是职业网球联合会（ATP）世界巡回赛的九站ATP 1 000大师赛之一，也是亚洲唯一的一项大师赛。上海大师赛单双打冠军均可以获得1 000个世界排名积分，其重要程度仅次于四大满贯和ATP年终总决赛。

上海大师赛于2009年首次举办，是最年轻的ATP大师赛级别赛事，也是亚洲范围内最高级别的男子网球赛事，其规模仅次于四大满贯。该赛事于每年10月中旬举行，举办地点为上海旗忠网球中心，场地为室外硬地（见图3-17）。

上海网球大师赛作为亚洲唯一举办ATP最高级别的赛事，之所以能够获得此项赛事的永久举办权，得益于上海十多年来网球市场的逐渐成熟以及成功举办了2002年、2005—2008年网球大师杯（即现在的ATP年终总决赛）和始于20世纪90年代的七届喜力网球公开赛。上海ATP 1 000大师赛的落户，使得9、10月份亚洲地区举办的ATP巡回赛事形成了一个级别完整的亚洲系列赛，使亚洲地区在世界网坛的地位进一步提高。同时，于10月份进行的上海网球大师赛也对世界网坛顶级高手竞争11月份的年终总决赛的席位至关重要。

图片来源：百度。

图 3－17　上海大师赛中心球场

2010年的上海网球大师赛集齐了当时所有世界前二十强球员，也是该年度包括八站ATP 1 000大师赛在内的所有非四大满贯赛事中唯一做到这一点的赛事。

二、中国网球公开赛

中国网球公开赛（China Open）是国际网球协会批准，自2004年起每年一届在中国北京举行的男女综合性网球赛事。2009年，中国网球公开赛经过调整后全面升级，其中，女子赛事变更为WTA，是仅有的四站WTA皇冠明珠赛之一，男子赛事变更为ATP 500赛；从2021赛季起，原WTA皇冠明珠赛变更为WTA 1000赛。

这样，中国网球公开赛在整体级别上仅次于四大满贯，与印第安维尔斯大师赛、迈阿密大师赛和马德里大师赛并称"四大超级赛事"。2024年4月12日，2024中国网球公开赛组委会公布，2024中网将于9月23日开赛，持续至10月6日，赛期横跨国庆黄金周。图3－18为中国网球公开赛中心球场。

图片来源:百度。

图3-18　中国网球公开赛中心球场

参赛阵容上,女子钻石皇冠赛世界排名前46的选手必须参加。如果世界排名前10的选手临阵退赛,则将受到严厉的处罚;男子ATP 500赛在美网之后顶尖选手必须参加一站,而且只能在北京、东京、巴塞尔三个"500分赛事"中选择其一,顶尖男子选手一年内必须在共10站"500分赛事"中参加4站。此规则意味着从2009年开始北京的女子赛事中将见到世界排名前十的女子顶尖高手,而男子赛事也同样能有为数众多的世界前二十大牌选手前来参赛。

总奖金上,女子钻石皇冠赛总奖金至少为400万美元,男子ATP 500赛的总奖金为200万美元,这对于顶尖网球选手来说无疑是巨大的诱惑。

三、中国网球巡回赛

中国网球巡回赛(CTA Tour),简称"中巡赛"是独立于ATP、WTA和ITF单打国际巡回赛之外的全新赛事。作为由中国网球协会打造的国家级网球品牌赛事,自2020年创办以来已经发展成为中国网球运动的重要组成部分。中国网球巡回赛设男、女子单、双打共 4 个项目，每站比赛分为预选赛和正选赛两个阶段，持续 8 天。历经 4 年的发展，中巡赛已在香港、澳门、广州、深圳、重庆、成都等 25 地举办，累计举办 53 站赛事，超过 10 000 场比赛。以下是对中巡赛的总结和归纳：

（一）赛事分级与积分体系

中国网球巡回赛采用《中国网球协会网球运动技术等级标准及评定办法（试行）》进行分级比赛，将选手的网球运动技术水平分为 10 个等级，1 级为最高水平等级，10 级为入门水平等级。赛事包括面向职业选手和省市专业运动员的职业级 CTA1000、CTA800 及职业级年度总决赛；面向大众选手的精英级 CTA500 及精英级年度总决赛；面向大众选手的群英级 CTA200 和群英级年度总决赛。

（二）打破专业与业余壁垒

中国网球巡回赛以等级为参赛资格依据，化解了专业运动员和业余运动员的壁垒，打通了全国网球选手职业晋升之路。

（三）国家积分和排名体系

所有参加中巡赛的选手都将拥有专属的国家积分和排名，并按照世界通用的 52 周滚动积分排名方法，获得中巡赛各级赛事的参赛资格、种子签位以及直通总决赛资格。

（四）国际竞争力的提升

中国网球巡回赛注重青训和文化培育，通过赛事推动网球运动的普及和发展，培养后备人才，为中国网球选手提供了稳定的参赛机会，帮助他们在国际赛事中取得更好的成绩，提升了中国网球的国际竞争力。同时，赛事的举办不仅展示了中国网球的活力，也促进了地方网球运动的发展。

第四章

网球场地设备与器材

第一节 标准网球场及设备

网球场可以分为室内和室外两种,根据场地地面材质又分为草地、硬地、红土和地毯。一片标准网球场的占地面积不小于 670 平方米(南北长 26.6 米×东西宽 18.3 米),这一尺寸也是一片标准网球场场地四周围挡或室内建筑墙面的净尺寸。在这个面积内,有效双打场地的标准尺寸是 23.77 米(长)×10.98 米(宽),在每条端线后应留有余地不小于 6.40 米,在每条边线外应留有余地不小于 3.66 米。在球场安装网柱,两柱中心测量,柱间距是 12.80 米,网柱顶端距地面是 0.914 米。

单双打两用场地上悬挂双打球网进行单打比赛时,网球网应该由两根高度为 3 英尺 6 英寸(约 1.07 米)的"单打支柱"支撑,该支柱截面应是边长小于 3 英寸(约 7.5 厘米)的正方形方柱或直径小于 3 英寸(约 7.5 厘米)的圆柱。每侧单打支杆的中心应距单打边线 3 英寸(约 0.914 米)(见图 4-1)。

球网需要充分拉开,以便能够有效填补两根支柱之间的空间,并有效打开所有网孔,网孔大小要能防止球从球网中间穿过。球网中点的高度应该是 3 英

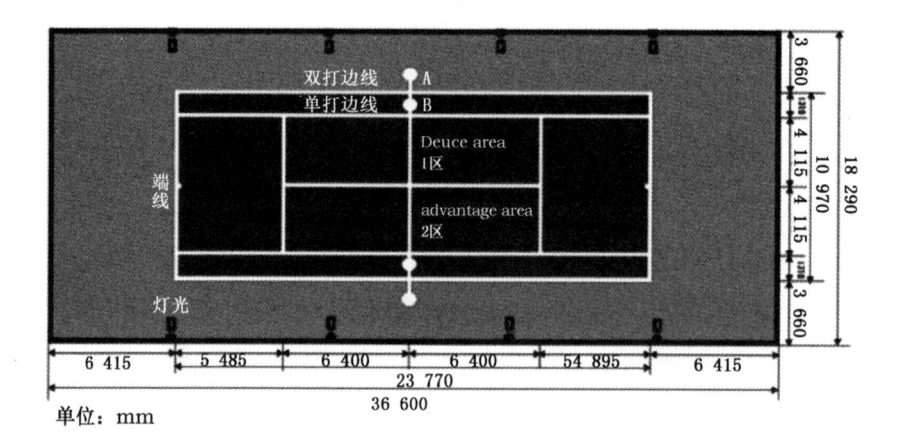

注：双打网柱中心点A距离双打边线外沿为1′(30.4cm)，单打网柱或支架中心点B距离单打边线外沿为1′(30.4cm)，通常硬地端线宽度为10cm，其他线均为5cm宽。

图4—1　单双打两用场地

尺(即0.914米)，并且用不超过2英寸(约5厘米)宽的完全是白色的网带向下绷紧固定。球网上端的网绳或钢丝绳要用一条白色的网带包裹住，每一面的宽度介于2英寸(约5厘米)到2.5英寸(即6.35厘米)之间。

第二节　快易网球(网球入门3阶段)场及设备

　　网球技术的学习具有入门慢、上手难的特点，初学者在没有体验到网球运动乐趣之前就已经对网球产生了厌倦。在这一情况下，从2002年开始，一支由10个国家的高级教练员和专家组成的团队就开始研究如何帮助人们更容易地掌握网球、喜欢网球并坚持下去的问题。2007年，国际网球联合会(ITF)携手37个成员国(包括中国)正式推出这项最新的网球教学研究成果。Tennis Play & Stay(快易网球)是国际网球联合会经过近20年的网球教学总结的网球教学经验。教学采用三色网球，轻松易懂，简单易学，球员无需适应球性，直接可以进入角色。网球学习可分为三个阶段：红球、橙球和绿球。每个阶段的球场尺寸(见图4-2)和规则都有所不同,以适应不同年龄段孩子的身体条件和技术发展,不仅适用于青少年网球群体,也同样适用于在大学开展的初级和进阶网球课程,相比传统网球教学方法,能够实现快速上手、对打、比赛,尽早学习和掌握网球所有技术、战术,并且避免人多上课场地不足,具有安全的优点。下面进行详细的介绍。

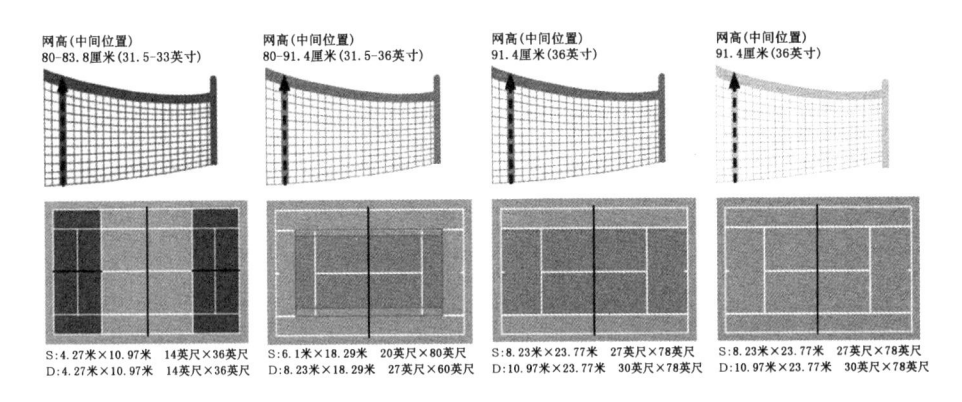

图片来源:百度。

图4-2 不同阶段的球场面积

一、红球阶段

- 球比黄色球慢75%*;
- 泡沫球:8-9厘米;
- 毛毡球:7-8厘米;
- 场地:10.97-12.8米;
- 适用年龄:5-7岁(同样适用于大学生初学对打);
- 球场尺寸:以标准球场底线为边线(10.97-12.8米),现有的边线成为底线(5.50米),现有的球场净高(中心点)减少到0.8-0.838米;
- 儿童球拍尺寸:建议使用19-21寸球拍;
- 推荐比赛规则:1x tiebreak(抢7/11分)的比赛;

　　　　　3局2胜tiebreak(抢7分);

或者 1x short Set to 4(短盘制 4 局);

Timed matches(计时赛);

两次发球机会(可下手发球)。

二、橙球阶段

- 球比正常网球减速 50%;
- 毛毡球:6-6.86 厘米;
- 适用年龄:7-9 岁(适用于大学生初学);
- 球场尺寸:一般尺寸为 18 米(60 英尺)×6.5 米(21 英尺),净高度为 80 厘米(31.5 英寸);
- 球拍尺寸:21-23 寸(取决于孩子的大小与体格);
- 推荐比赛规则:1x tiebreak(抢 7/11 分);

Best of Tiebreaks to 7;

1x Short Set to 4(短盘制 4 局);

两次发球机会(可下手发球)。

三、绿球阶段

- 球速慢于黄球 25%;
- 毛毡球:6-6.86 厘米;
- 适用年龄:9-10 岁(适用于大学生进阶阶段);
- 球场尺寸:标准球场(23.77×8.23 米);

中心网高:36"(0.914 米);

- 球拍尺寸:基本使用成人拍(青少年取决于身高);
- 推荐的比赛规则:Best of Tiebreaks to 7(3 局 2 胜制);

1x Short Set to 4(短盘制 4 局);

可以适用标准网球比赛中的各类规则。

第三节 网球拍

网球运动最早在法国的时候人们还缺乏"网球拍"的概念,他们戴着手套用手来击打网球;进入英国后,又流行过用羊皮作为拍面的椭圆形网球拍。直至1874年,现代网球拍始祖英国人温菲尔德为网球拍定了标准,手柄长、拍头加网线的模式才被固定下来,直到现在,形状都没有什么变化。[9]图4-3为网球拍的变化发展过程。

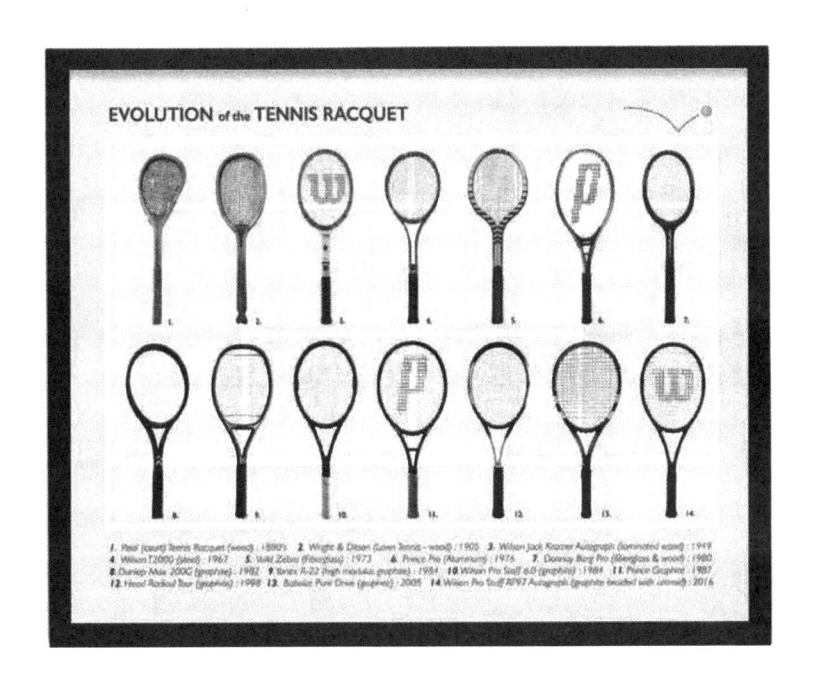

图片来源:百度。

图4-3 网球拍的变化发展过程

一、球拍材质

最早的现代网球拍是木头制成的,在风靡百年后被金属材料取代。金属材料用于网球拍后,使得其硬度大大提高;后来出现的特质铝合金硬度更好,且重量可控,拍子也达到现在的大小;目前主流的材料是碳素纤维,它也用于航空航天和 F1 赛车领域,除了具有金属材料的优点,还具有更强的可塑性、硬度,重量最优异。

二、网球拍的重量

作为初步接触网球运动的选手来说,选择一款适合的网球拍显得尤为重要。为了增加网球的普及度,国际网联研发了一系列的网球推广计划和活动。其中,就包括网球拍,并根据不同年龄、身高制定了符合年龄和身高的网球拍。

- 3－4 周岁,身高:90－105 厘米,球拍长度 19 英寸;
- 5－6 周岁,身高:105－115 厘米,球拍长度 21 英寸;
- 7－8 周岁,身高:115－130 厘米,球拍长度 23 英寸;
- 9－10 周岁,身高:130－140 厘米,球拍长度 25 英寸;
- 11－12 周岁,身高:140－155 厘米,球拍长度 26 英寸;
- 12 周岁以上,身高:155 厘米＋,球拍长度 27 英寸。

成人网球拍根据重量也有所区分,一般分为轻型球拍(简称为 L,轻 250 克左右)、中型(Light Medium,LM,250－290 克)、重型(290－330 克)和超重球拍(330－350 克)4 档。初学者,特别对于女子选手来说,根据自身身体情况和素质,一般选择 260－280 克的球拍,手柄根据自己手掌大小可以选择较细的 1 号手柄或者正常的 2 号手柄;对于男子选手初学者,可根据自身身体情况选择 280－300 克的球拍,即 2 号手柄。

第四节　网球线

网球拍线的主要功能包括传递力量、控球(包括方向和旋转)、耐用性和舒适度。

一、拍线类型

- 聚酯线：非常耐磨，适合攻击性较强的选手，提供良好的控球性和耐用性。
- 尼龙线：柔软、舒适，对手臂友好，但耐用性不如聚酯线。
- 天然肠线：由动物纤维制成，提供最佳的手感和控制，但耐用性较差，价格较高。
- 尼龙线（合成肠线）：较早出现的合成材料线，新穿时能仿天然肠线的手感，但不耐久，磅数保持能力差。
- 多材料合成线：以尼龙或聚酯线为核心，加入其他材料制造，期望提高耐久性，同时保留软线的优势。

选择合适的网球拍线主要取决于打球水平、经验以及个人喜好。例如，全能型选手适合使用在柔软和硬度之间均衡的网球线，或者使用混合穿线（hybrid setup）；力量型选手适合使用耐用性更强的网球线，如聚酯单股纤维线。喜欢控球和追求击球舒适型的选手适合使用多股纤维线或天然肠线，以保护手臂。

二、拍线日常维护

- 检查拍线：断线后应及时剪断，检查拍线是否有断裂或分叉，长时间拉力不均会导致拍框变形。
- 保持球拍清洁：打完球后将拍柄晾干，避免吸汗带受潮。
- 储存条件：避免极端的气候变化，存放在恒温恒湿环境下。
- 定期更换：频繁使用的网球拍，建议每3-6个月更换一次拍线，以保持最佳击球效果。

三、拍线磅数

目前网球拍以 16×19（竖线 16，横线 19）和 18×20（竖线 18，横线 20）的居多。初学者建议从 48-53 磅来体验，这样可以更好地感知发力和舒适度，同时对手臂较为友好。随着技术的提高，穿线磅数可以根据自身的特点以及球线球拍的材料发展做出调整。使用高磅数球拍可以提供更好的控制和力量，但可能会减少弹性，对手臂的压力也更大；使用低磅数拍线可以增加弹性，产生更多的旋转，但控制力会下降。

四、拍线更换频率

拍线的更换频率取决于击球方式、击球力量、使用频率和拍线的材料。如果打球的频率不高，例如，每周一次，那么大约每半年可能需要重新穿线或检查球拍的状态。对于使用羊肠拍线的选手，由于拍线容易断，基本一两周就需要更换。对于高频率使用者，可能需要更频繁地检查和更换球拍部件。如果打球过程中感觉拍线太松、太硬，则需要及时更换。

第五节 网球拍手柄吸汗带

在准备好网球拍、穿好拍线后，我们还要准备一个吸汗带。吸汗带具有吸汗和防滑的功能，能够吸收手掌的汗水，提供稳定的握拍感，防止因手滑而影响击球效果或导致球拍脱手。根据不同材质，吸汗带可以提供不同的手感，改善握拍时的舒适度，使握拍更加牢固。图 4-4 为手柄吸汗带。

吸汗带分为干性和黏性两种。干性吸汗带适合手心容易出汗的人，具有较好的吸汗防滑功能；黏性吸汗带手感舒适，适合手部较干的人，具有一定的减震效果。此外，吸汗带还有不同类型可供选择，如普通手胶和龙骨胶的不同种类，

图片来源:百度。

图 4—4 球拍手柄吸汗带

以及从薄厚、表面光滑度等方面进行分类。个人的手感、使用场景和季节可以决定是选择干性还是黏性吸汗带,以满足不同的需求和偏好。不同的球员可能会根据个人喜好和打球环境(如季节)选择不同类型的吸汗带,以达到最佳的握拍效果和舒适度。随着使用时间的增加,吸汗带会变得越来越滑,细菌也会增加,因此需要定期更换。

第五章

网球基本技术

第一节　握拍

一、握拍的重要性

握拍的方法与击球动作有着密切的关系。俗话说：球拍是击球者手臂的延伸和手掌的扩大，每个击球动作都是由手臂、手腕、手指相互配合用力来完成的，所以握拍的好坏对技术的提高和全面发展有较大的影响。作为初学者，必须按正确的方式握拍，使拍面以正确的部位和角度与球接触，起初可能会有不习惯、不舒服之感，但坚持一段时间后就会领会到正确握拍法的好处。握拍决定了击球时的角度、接触球的位置，还会影响到打球时的步法、打出去的球如何转动以及击球时所习惯的场上位置。握拍最难的部分是如何选择。事实上，没有最完美的握拍方式，每一种握拍都有它的优点和局限。但针对特定的击球方式或打球风格，某些握拍方式明显好于其他。

不同的握拍会影响击球时拍面的角度、拍面的开放和关闭程度，也会影响理想的挥拍动作。拍柄实际可以分为8个面（见图5－1），下面我们会讲解不同的握拍方式,食指关节是最重要的参考点。如果食指关节位置正确,通常则不用担心掌跟问题,这会比传统的握拍教授方式更为准确和直观。

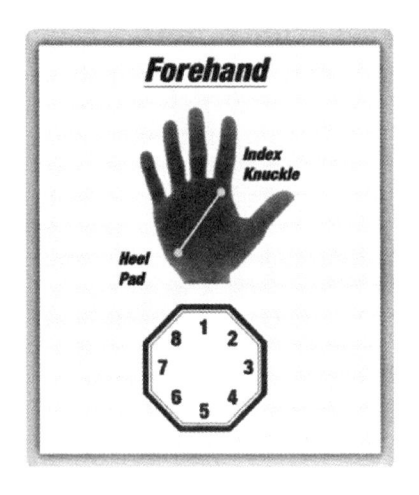

图 5-1　网球拍柄和手掌对应位置

二、大陆式握拍

● 特点:大陆式握拍(见图 5-2)是发球、网前截击、高压和放小球的标准方式。食指关节对准拍柄的 2 号面。由于该握拍法不需要变换握拍位置,所以具有简单、灵活的特点,适合处理低球,对切削和防御球也很有利。

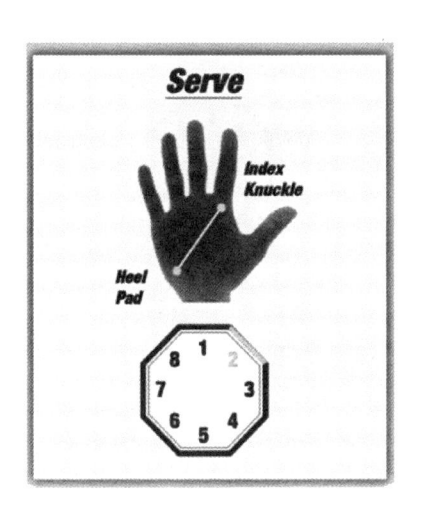

图 5-2　大陆式握拍

● 劣势：对于底线腰部以上的来球，不易控制拍面，故对对方的上旋和高球略显劣势；底线击球以平击为主，击球节奏快，打出的球很平，但是很难打出上旋球，这是正手采用大陆式握拍的主要问题。这意味着你在大力击球并使其不出界时要求瞄准球网上方，而不能有任何错误，所以大陆式握拍球员的不稳定性是个普遍的问题。

三、东方式正手握拍

● 特点：东方式正手握拍（见图5-3）是最传统的正手击球握拍法。食指关节对准拍柄3号面的位置为东方式正手握拍。其触球点比用半西方式或西方式握拍的触球点低，并且离身体较远。以右手持拍为例，食指关节应对准拍柄的第三面。此种握拍法可平击球或旋转不强的上旋球，能快速换到其他握拍方式。东方式握拍是上网型选手的明智选择。该握拍法非常适宜底线正、反拍击球，同时对各种高度的来球及各种旋转球的打法具有广泛的适应性。

图5-3 东方式握拍

● 劣势：东方式正手握拍比大陆式握拍的击球区域要高和远离身体，但仍然不是回击上旋球的好选择。东方式正手可以有很强的威力和穿透性。此握拍方式更适于平击球，所以稳定性仍不高，难以应付连续相持球。这种握拍法不是希望打上旋球跟对手比相持能力的球手的最佳选择。

四、半西方式正手握拍

● 特点：以右手持拍为例，食指关节对准拍柄的第三面与第四面之间的位置为半西方式握拍（见图5-4）。半西方式握拍比东方式握拍能击出更强烈的上旋球，使击球更为保险和受控，特别是放高球和打小斜线。这种握法能打出制胜的平击或者穿越球，它的击球区域会比东方式握拍离身体更高更远一些，所以它打半高球会有更好的控制力和进攻性。

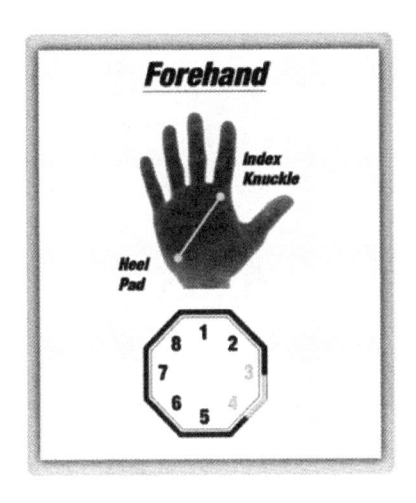

图5-4 半西方式握拍

● 劣势：半西方式正手握拍必须低于球开始挥拍，它很难用来回击低球。而且，这是一种典型的打网前球时需要改变为大陆式握拍的方式。这就是为什么底线型选手来到网前都很不舒服的原因。

五、西方式正手握拍

● 特点：以右手持拍为例，食指关节对准拍柄4号面的位置为西方式握拍（见图5-5）。此种握拍法能击出极强的上旋球，球落地后弹跳得又高又快，其握拍方式的击球区域会比之前介绍的任何一种离身体更远和更高。也因为这种握拍方式击球点更高,所以此种握拍法更适合于慢速场地,是红土场选手或者喜欢打上旋球选手的最爱。

● 劣势:低球是西方式正手握拍的克星。通常快速球场上球弹跳得较低,这就是这种握拍方式的职业选手通常在草地(快速球场)没什么作为的原因,因为需要有极快的拍头速度和强劲的腕力才能产生一定速度和旋转击球;否则,选手的回球会出浅,并且被你的对手抓住机会进攻。像半西方式一样,上网和截击需要转换握拍方式。[10]

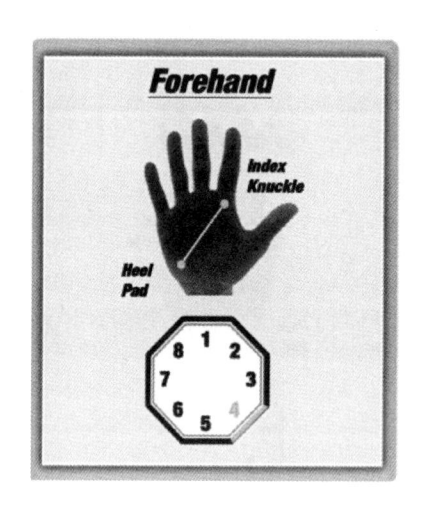

图 5—5　西方式握拍

六、单反握拍

● 特点:就像东方式正手,这是一种有很好的手腕稳定性的灵活的握拍方式(见图 5-6)。你既可以用它打出一定的上旋球,也可以打出富有穿透力的平击。有些选手能够用东方式反拍打切球;如果不行,从东方式换到大陆式也相当容易。这种握拍可以用来打上旋发球,需要上网截击时,这是一种能快速转换到大陆式握拍的方式。以右手持拍为例,食指关节对准拍柄 1.5-2.5 之间。

● 劣势:此种握拍方式不能很好地处理齐肩高的上旋球,使得选手不得不选择防御性的切削回击。

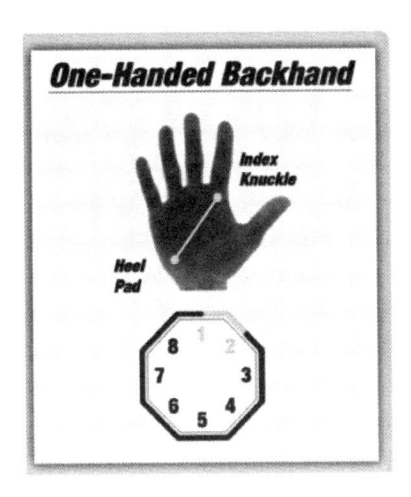

图 5-6　单反握拍

七、双手反手握拍

● 特点：毫无疑问，双手反手握拍（见图 5-7）是最流行的反手握拍方式，但关于双手的握法仍有一些争议。广为接受的方式是支配手用大陆式握拍，然后非支配手在支配手上方用半西方式握拍。这种握拍方法对于力量不足的学员学反拍比较容易。击球点可以更靠后些，且动作的隐蔽性强，对方不易发现是击斜线球还是击直线球；击出的球比单反更扎实，双手基于肩部的旋转和更高效的挥拍能够提供更大的威力，也能够很好地处理低球，而且额外的一只手可以更高地处理齐肩高的球。以右手持拍为例，右手在下，食指关节对准拍柄 2 号面，左手在上，食指关节对准拍柄 3 号面。

● 劣势：对步法移动的精准性要求较高，因为双手都握住球拍拍柄，会影响球员的移动，所以很难应付大角度回球，特别是在大范围移动的时候很难转动上身击球。

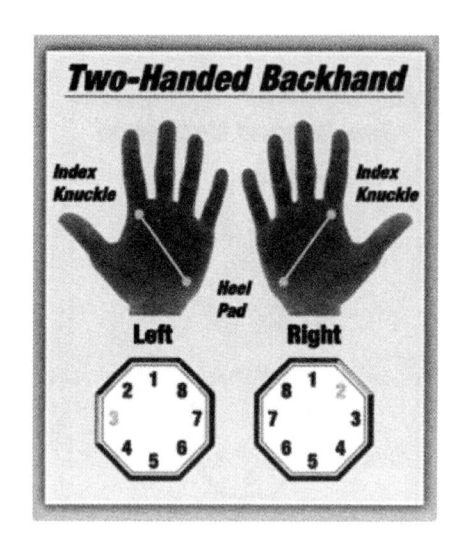

图 5—7　双手反手握拍

八、双手正、反手握拍

● 特点：正拍击球时是双手握拍，反拍击球时也是双手握拍。如著名女运动员塞莱斯、彭帅、谢淑薇就是这种握法。但采用这一握拍打法并不是世界网球的主流打法。在儿童学网球初期，由于手臂力量等问题，可以暂时使用这种握拍方式进行过渡。这种握拍方式的动作要领是：以右手持拍者为例，即右手为东方式或混合式握拍，左手握在右手上方，当对方击球朝正拍来时，左手下滑，形成类似左手持拍反拍击球动作，击完球后，还原至右手在后、左手在前的准备动作。反拍击球时，与双手正拍握法相同。正反拍击球没有明显弱点，都能给对方构成威胁，而且动作隐蔽，便于发力。

● 劣势：要求运动判断准确，反应敏捷，对步法移动要求较高。

第二节　正手技术动作

正手技术指用持拍手掌心一边击球的方式，即称之为正拍，是网球基本技术之一,同时也是一项最重要的技术。现代网球运动底线回合中,正拍击球技术是多数高水平运动控制比赛的手段,利用正拍将对手控制在一定的节奏和空间内,从一开始就掌握比赛的主动权。正手击球的连续动作见图 5-8。

图 5-8　正手击球的连续动作

一、握拍法

初学阶段最好采用东方式正手握拍法。随着世界网球技术的发展、球速力量的增强,目前的主流握拍方式为半西方式握拍。

二、正手击球准备姿势

面对球网,两脚开立与肩同宽或略大于肩,双膝微屈,脚尖对球网,上半身稍前倾,双膝微曲,重心放置在前脚掌,右手握拍,左手托拍颈,拍头与胸同高,拍柄与腰同高,手臂自然伸开置于体前,两眼平视前方。

三、正手拉拍

当判断好来球需要用正拍回击时,左手帮助推拍向后,拍子引到拍头指向后面的挡网即可,左脚向右前方迈步,左手指向击球点,既能维持身体平衡又能明确击球点,眼睛盯着击球点,初学者要注意刚开始避免过多用手臂击球。

四、正手挥拍击球

击球时右手手腕放松,让拍头自然下垂,拍头从下往上挥动。注意整个动作要连贯,中间不能停顿。击球时应转动身体,用力蹬腿,以肩关节为轴,重心从后脚移至前脚,体会用身体带动手发力的关键,用大臂带动小臂沿着来球方向向前挥拍,击球点在腰部位置。

五、正手随挥跟进

击球后,不能立刻收拍,应沿着球飞行的方向继续前送,重心应从右脚移向左脚,身体转向球网,拍头随着惯性挥到左肩前上方,轴关节向前,左手扶住拍颈,随挥拍跟进结束,立刻恢复到准备姿势,准备下一次击球。

第三节　双反击球技术

一、握拍法

持拍手(右手)以大陆式握拍,辅助手(左手)以东方式握拍是目前双手反拍的主流握拍方式。

二、反手击球准备动作

反手击球准备动作与底线准备动作相同。

三、反手击球引拍动作

当判断来球是反手位时首先侧身,右脚向前,右脚脚尖指向斜前方(10:30－11:00方向),这样在击球过程中转动右髋、右肘以及身体重心前移都不会受到限制。在转肩过程中完成从正手握拍换到反手握拍,眼睛越过肩,盯准来球。

四、反手击球挥拍动作

反手向前挥拍击球时,应后腿蹬地发力并向右转动身体,以右侧身体为轴,沿着来球的轨迹迎前挥击,球拍由后向前上方挥出。在击球时,手腕应固定,拍面对准来球的方向。击球点一般在身体的侧前方、腰腹高度,可通过屈膝来调整重心高度。击球时应注意:当向前挥拍击球,朝着球网回身转腰,手腕紧锁,在将要击球时刻,身体重心由后脚移向前脚,顺畅地移到击球中去。

五、反手击球随挥动作

反手击球应是一种平滑连贯的动作,要伸展手臂,绷紧手腕,击球点约为腰腹高度,比单手击球的击球点略靠后,约在右膝前,要随着身体转动充分完成动作,将球拍扛在肩上,身体面向球网。击出球后,拍子沿着球飞行的轨迹继续向前挥出,让球拍随球向前的距离尽量长些,重心从后向前落在右脚,将拍子挥向右肩,拍头朝上。

反手击球要做到隐蔽,每次挥拍,同样的强度、同样的力量、同样的手速能打出不同的线路。在击球前最后一刻决定自己的击球线路和方式是比赛中有效隐藏击球意图的最好方法。随挥跟进结束,立刻恢复到准备姿势,准备下一次击球。双反击球连续动作见图5-9。

图 5—9　双反击球连续动作

第四节　单反技术

一、单反握拍法

握拍应该是东方式反手握拍，也有采用大陆式握拍法。建议使用东方式反手握拍法，可以打出更强烈的上旋球。注意：如果握法不对，强行击球，则会造成手腕扭伤。

二、单反击球准备动作

以右手持拍为例,目前网球拍以 16×19(竖线 16,横线 19)和 18×20(竖线 18,横线 20)的居多。初学者建议从 48-53 磅来体验,这样可以更好地感知发力和舒适度,同时对手臂较为友好。随着技术的提高,穿线磅数可以根据自身的特点以及球线球拍的材料发展做出调整。使用高磅数球拍可以提供更好的控制和力量,但可能会减少弹性,对手臂的压力也更大。使用低磅数拍线可以增加弹性,产生更多的旋转,但控制力会下降。

三、单反击球引拍动作

判断来球后,做分腿垫步,然后后上半身转体引拍,右肩下巴几乎碰到肩膀;拍面在手腕上方,手放在臀部和肩膀之间,右脚上步,形成关闭式步法。

四、单反击球挥拍动作

单臂继续下垂,右手向前向上击球,左手向后,形成反作用力,舒展胸部。击球点不能离身体太近,应在身体侧前方。世界优秀单反运动员击球时手臂基本是直的。如果想打出更多的上旋,则手腕需要多刷,做小臂扭转动作。最佳击球点在胸部高度,右肩膀前面进行击球,击球结束后球拍顶端指向天空,结束挥拍回位,准备下一拍球。

第五节 发球技术

发球是一项比较难掌握的技术,对运动员的协调性要求较高。拥有好的发球不仅可以直接得分,而且还可以通过发球掌握场上的主动权,在后续的对抗中进攻得分,最大限度地施展自己的战术。而二发决定了你的水平有多高。虽然很多球员一发会很好,但是最后你的二发水平以及对二发的依赖会主导比赛的胜负。比赛中发球是完全由你掌控的,接发球员按照你的步调来打球,这也是保住自己发球局的重要性所在。发球技术主要分为平击发球、侧旋发球和上旋发球三种,表5-1总结了这三种发球方式的特点。

表5-1　　　　　　　　　　　网球三种发球方式的特点

发球方式	特　点	抛球位置	适用性
平击发球	最快的发球 成功率最低的发球 球拍击球正后方	抛球是发球中重要的一环。最好的抛球是用一种完全一样的抛球,能发出内、中、外角和不同的发球。这样会使对手无法解读你的抛球,并且会针对性地重点防守一些区域。理想的抛球是抛在你持拍手的肩膀上方(你自己的12点30分的位置),并且需要抛球后让球稳定地落在同一地方,这需要大量的练习。用指尖抛球,而不是用手掌抛球,会让球产生旋转。你要能看清球上的字,不希望球旋转,最好球能正好落在原来的起点	多用于第一发球;比赛中多用于右区内角、中路和左区近身(对方为右手持拍时)
侧旋发球	球速快 角度大 成功率高 手持拍选手击球点在右侧斜上方,球拍挥拍轨迹从球的1-3点方向击球,击球的中部偏右侧(右手持拍),使球产生旋转		第一发球和第二发球都可以使用;侧旋发球,多用于右区外角、左区内角(对手为右手持拍),加大对手跑动角度,或发近身球
上旋发球	以上旋为主、侧旋为辅,球落地后弹跳高,旋转快,命中率高;球拍从球的7点向1点刷,做包裹性的挥拍		第一发球和第二发球都可以使用,多用于第二发球

标准的发球是采用大陆式握拍,刚开始入门时对初学者来说可能比较难以接受,因此,可以从大陆式到东方式之间的握拍开始学习发球。随着技术动作的提高和进步,逐步调整发球握拍方式到大陆式,可以帮助掌握更多不同的发球方式。图5-10为发球动作的详细图解。

一、发球准备动作

左手持球,右手握拍,侧身球网站立于端线后中场标记附近,左脚与端线约成45度,右脚基本与端线平行。左手持球于掌指关节处,掌心向上,球靠近球拍拍颈,高度在腰附近,拍头指向球网,身体重心落在左脚上。

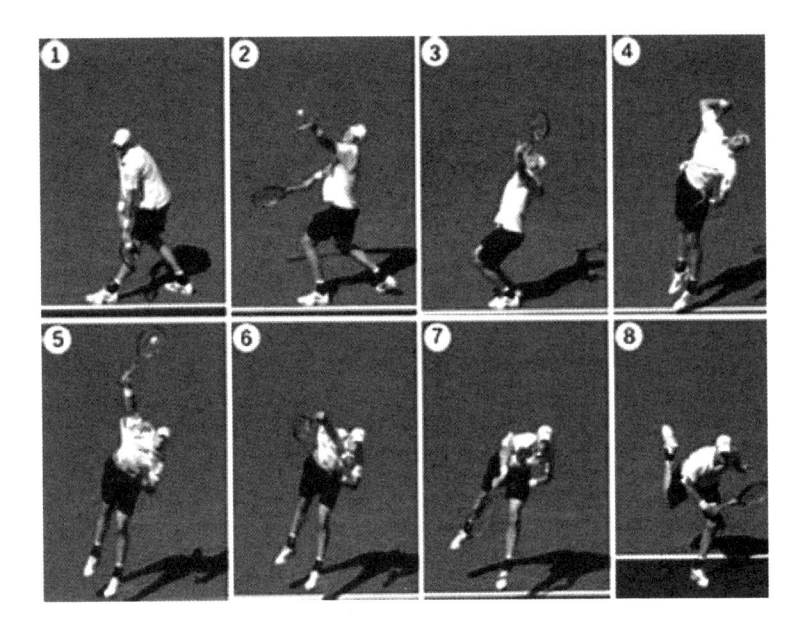

图 5-10　发球动作的详细图解

二、发球抛球与引拍

最好的抛球是用完全一样的抛球,可以发出 6 个角(右区和左区的内/外角和近身发球)以及不同类型的发球(上旋、侧旋、平击),使我们的发球更有隐蔽性,让对手无法解读你的抛球,并会重点性地防守某个区域。在发球或者发跳球时,你的身体姿势要看起来一样,抛球也要看起来一样,只是在最后一刻接触球的时候做出改变,这都是靠手腕来做的,可以打球的 7 点,也可以打球的 4 点。你的对手在你最后一刻决定之前不可能解读你的发球。

从准备姿势开始,身体重心后移,右手握拍向下向后引拍,随着球拍后引,左手随拍垂直向上,抛球时手臂基本伸直,以托、举、送的发力方式将球抛起,右手握拍继续后引并开始拍头上举。与此同时,身体右转、屈膝、展肩、挺胸、左手上举抛球,抬头注视空中的球。

三、动力链系统

蹬地→转髋→转体→手臂绕肩→肘部伸展→转腕→随球动作和落地平衡。

四、发球随挥动作

击球后,虽然挥拍击球的动作已经完成,但到达击球点后选手应顺着身体及挥拍的惯性做转体、转肩和收拍的动作,最终以身体带动大臂、大臂带动小臂、小臂带动球拍向持拍手的异侧顺势完成随挥,结束发球动作,以达到连贯性完成一系列的发球动作。

第六节 接发球

发球与接发球——"矛"与"盾",是针锋相对的两项技术,二者对于球员赢得比赛具有同等重要的意义。好的接发球技术是破对手发球局的重要基础。

一、接发球准备和站位

准备时一般采用正手握拍方式或大陆式握拍,需要站在对手可以发的两个最大角度的1/2处,降低重心。重心在前脚掌,站在右区或者左区对手可以发的最大两个角度(内角和外角)的中心区域,这样可以更好地覆盖对手可能发球的区域。准备时保持双脚分开,与肩同宽,膝盖微弯,重心低,身体略微前倾,始终注视对手的发球动作,特别是对手的球拍和球的接触点,以预判球的方向和速度。

二、击球动作

与正常的正、反拍击球动作不同,接发球时要求小拉拍,在对方球拍接触球的时候分腿垫步,以获得更好的平衡和能量来移动、击球。因为来球的球速非常快,引拍要比正常底线的正拍和反拍小,引拍的大小正好可以转动臀部,仅仅对着球向前推拍,然后结束。尽量在球的上升阶段或最高点进行击球,可以更好地控制球的方向和深度;根据对手发球的方向,迅速调整步伐,移动到最佳击球位置;接发球时,不需要完成随挥的动作;尽可能靠前击球,采用V型跑动路线。如果来球飞行线路越长,则接发球员需要覆盖的场地就越多;因此需要通过向前击球,V型回球,减少需覆盖的场地,缩减对手时间,尤其是针对对手的一发时。

三、回球策略

(1)深度:将球打回对方底线,迫使对手从底线深处回球。

(2)角度:将球打向对手的两侧,迫使对手移动并增加失误的可能。

(3)短球:将球打向网前,迫使对手上网,然后可以利用对手上网的空当进行攻击。

(4)挡球或挑高球:当对手发球角度大、速度快、质量高时,只能通过接挡的方式回击球,让自己争取到更多的时间回位,准备防守。

四、回位

接完发球后,要立即回到场地中心准备下一拍。

第七节　截击球技术

网前截击(见图5-11)是一种球未落地前在靠近球网位置进行的空中击球技术,是网前技术中的一种攻击性击球方式。截击的特点是回球速度快、力量重,能够给对手带来较大的压力,是双打球员必备的得分手段之一。

图片来源:百度。

图 5-11 网前截击

一、截击球准备动作

采用大陆式握拍,站在网前发球线至球网的 1/2 处,准备姿势与正反拍相同。

二、引拍动作

判断来球后,迅速侧身转肩,截击几乎没有引拍,靠转肩完成,手腕略微向后倒,做到拍不过肩,即引拍完成,此时手肘放在身体的侧前方。根据来球高度调整引拍的高度,同时控制拍面角度,越低的球,需要把拍面打开,越高的球,要把拍面关上。

三、击球动作

截击球是一个短暂的撞击动作,要求干脆利索。击球点保持在身体的右/左前方,击球时异侧脚向前跨步迈出,拍面固定,用身体的力向前主动击球。

四、随挥动作

击球后拍面向前,随挥不应过大,固定拍面和手腕,但是不要随意做动作,不要朝下挥拍。

第八节　削球技术

削球主要是使球击出后产生下旋,落地后弹跳低,迫使对手向上拉球,或使其难以借助回球力量击出平快的、攻击性强的球。削球不仅可以作为一项进攻技术,也是一项较好的防守技术,比赛中根据个人的打法特点来决定,同时也可以增加比赛的战术多样性和对抗中的变化。

一、引拍动作

削球同样采用大陆式握拍,当看到对方来球后,立刻转肩,轴与地面平行,重心落在后脚,把拍头架起来向天空,手腕固定,拍面略微打开。球多高,引拍多高,身体重心压在后面。

二、击球动作

击球的力量来自转肩、腿和身体,击球点在身体侧前方,手臂充分放松。击球时,整个肩关节向下转身,向前切球;左手向后,右手向前,两只手反方向打开。这时右脚向前迈出,身体重心转移到前侧,手臂送到身体前侧即可,不需要过多转身,挥拍轨迹形成一条直线。

三、随挥动作

击出球后,身体重心和拍头自然向前,身体不要有过度的旋转,整个拍子几乎与地面平行，击球结束，身体还是侧对来球。易犯的错误动作为击球时向下挥拍，横向击球，拍面或双手削球。切记不可以向下或横向挥拍。击球后后面的脚自然跟上，回位准备下一拍。

第九节　高压球

高压球是运用力量和旋转两者结合来强攻性击打的技术，球的落点应是该技术的关键，因此控制击球落点是打出稳定高压球的第一步。只有熟练掌握高压球技术，才能有效制约对方的挑高球，并利用高压球技术赢得制胜分。高压球根据球的状况和击球者的站位可分为凌空高压球、落地高压球、跳起高压球三种。[11]

一、高压球准备姿势

采用大陆式握拍，站在网前发球线至球网的1/2处，准备姿势与正反拍相同。高压球握拍法是大陆式握拍，与发球、网前截击和切削球握拍一样。

二、高压球动作

当球明显高于拍头的时候，就可以判断打高压球。首先侧身拉拍，身体侧面对球网，把右手放在肩部的位置做敬礼姿势，左手指球，脚下不停地调整距离。

三、高压球击球

蹬腿转体，身体重心由后向前转移，在最高点击球，可以采用平击高压或者侧旋高压击球。持拍手动作类似于发球击球动作，在身体最高点击球。

四、高压球随挥动作

击完球把拍子随挥到身体左侧就完成了高压球,然后迅速回位,准备下一拍来球。

第六章

网球比赛规则

第一节 网球比赛的积分规则

最原始的网球运动起源于宫廷之中,所以记分方法就地取材。宫廷用可以拨动的时钟来记分,每得1分,时钟就转动1/4,相当于15分钟;同理,得两次分,就将时钟转动30分钟,这就是15分、30分的由来。至于40分,它不是15的倍数。因为在英文中,15念作"fifteen",为双音节;而30念作"thirty",也是双音节;但是45,英文念作"forty-five",变成了三个音节。当时英国人觉得有点绕口,也不符合"方便"的原则,于是就把它改为同为双音节的40(forty)。love在网球比赛中代表"0",是根据法语中"蛋"这个单词的发音而来。虽然这样的积分方法看起来有些奇怪,但还是依循传统沿用至今。也有人认为,网球一切从爱开始,因此0用love来表示。网球比赛的计分规则主要分为"分"(point)"局"(game)"盘"(set)三级。

第二节　计分阶段

一、分

- 0 分称之为 love,代表着一切从爱开始;
- 赢第一球,得 1 分,计为 15 分(fifteen);
- 赢第二球,得 2 分,计为 30 分(thirty);
- 赢第三球,得 3 分,计为 40 分(forty);
- 如果双方各得 40 分,则为"平分"(deuce);此时,先赢的一方用占先(advantage)表示,需要一方连续赢两分才能赢得该局;如果对方再赢回一分,则重新回到平分状态。

二、局

- 一方先胜 4 分者,胜一局。
- 如果双方各得 3 分,则为"平分",此时需要一方连续赢两分才能赢得该局。
- 职业比赛每局至少要比对手多 2 分才能结束该局。有时,为了缩短比赛时间,非职业比赛中也有采用 sudden death 的规则,即"平分"后,接发球方可以选择在左区或右区接发球,只打 1 分,获胜者赢得该局。

三、盘

- 一方先胜 6 局,且至少领先对手 2 局,则胜一盘。
- 若比分为 6∶5,领先方则需再赢一局即 7∶5,才能赢得一盘。
- 若比分为 6∶6,则需要通过平局决胜(tie-break,抢七)的方式决出胜负,胜利方会显示以 7∶6 赢得一盘。

● 大满贯比赛中,男子采用五盘三胜制,女子采用三盘二胜制。

● 在一些比赛中,有时会根据场地、天气等情况采用一盘制的比赛方式,或者 7 局 4 胜等比赛方式。

● 平局决胜。

● 在每盘的局数为 6 平时,进行决胜局,先得 7 分,为胜该局及该盘;若分数为 6 分平分,一方须净胜 2 分。

● 决胜局记分在每盘的局数为 6 平时,有以下两种积分制:第一种是长盘制,即一方净胜 2 局为胜 1 盘。例如,局数 5∶5 后,一方连赢 2 局,7∶5 获胜。但是如果达到局数 6∶6,则需要进行 tie-break 决出胜负。第二种是短盘制。在业余、青少年比赛中,根据场地、天气、参赛人数等情况采用短盘制的方式,例如,采用 7 局 4 胜制、5 局 3 胜制的方式来进行比赛。

综上所述,网球比赛计分三阶段总结如表 6—1。

表 6—1　　　　　　　　　网球比赛计分三阶段

计分阶段	描述
分	每赢一球,得 1 分,分别计为 15 分(fifteen)、30 分(thirty)、40 分(forty)
局	一方先胜 4 分者,胜一局,且至少赢对手 2 分
盘	一方先胜 6 局,且至少领先对手 2 局,则胜一盘

第三节　高校网球教学中的实用比赛方法

由于高校体育课程时间一般为 90 分钟一大节课,因此实际教学中无法使用正规的比赛规则进行。教师可根据学生的水平、教学需求和场地情况等,合理安排比赛的计分方式,达到以赛代练,提高学生的技术水平和上课积极性。下面介绍几种教学中常用的计分、比赛方法,列举如下:

- 半场计分：教师可根据教学计划和教学重点，实战结合，要求学生分别在小场、底线进行半场的计分练习，提高技术使用的成功率。
- 小组循环赛：教师根据学生上课人数进行分组（3-4人为一组），要求同组队员进行循环比赛。这一方式可以在单项技术练习中使用，也可以在单打和双打组队练习中使用。
- 场地大循环赛：如果学校场地充足，学生则可采用抢七的积分方法，用赢了统一往右走、输了往左走的方式进行5-6轮的循环比赛，组织教学。
- 团体赛：教师可根据学生人数随机分团体进行比赛：每个团体2个单打、1个双打，学生不得同时参加单打和双打比赛。
- 打擂台：2人一边，进行双打比赛；可以下手发球或者教师发球，如果一方输了，则马上下一对接上，重新开球，直到一方连赢2分即为擂主，立刻跑到对面进行后面的比赛。
- 一人一拍计分练习：可采用11分、15分或者21分的赛制。教师将学生分为人数相同的两队，每队人数可为2-10人不等；从下手发球开始，要求第三拍才能打开线路；各队每人只能打一拍轮换，直至死球。此方法可以充分调动学生的上课积极性。也可以在此方法基础上进行一些修改，结合游戏进行积分，例如，一个队失误一次就拿走一把网球拍，直至全部球拍都没有，可以改成手接球扔过球网，直至所有队员都失误，计分结束。

第七章

高校体育网球课

第一节　课程介绍

　　网球从1896年第一届奥运会开始，就是正式比赛项目，也是世界第二大运动项目。网球也是最早一批进入中国高校体育课的项目之一。通过网球课程教学，使学生了解网球运动的历史，掌握网球运动的基础理论、比赛规则和裁判法；系统地学习网球运动的基本技术，包括底线正手和反手抽球技术、发球技术、网前截击球技术、网前高压球技术、切削球技术；结合大学生的需求并适当结合快易网球教学方法，让学生快速建立网球球感，先打起来，体会网球的乐趣；同时在每一节中穿插安排体能训练，发展学生的速度、耐力、灵敏、协调等身体素质；通过网球课程，提高大学生的社交能力和心理调节能力，排除各种不健康的心理因素，使个体在与环境的和谐统一中获得欢快感，达到身心健康的目的；同时能够培养大学生善于思考、勇于与困难做斗争、刻苦钻研的顽强意志品质；使学生在大学期间能够掌握一项运动技能，养成终身运动健身的习惯。

第二节　网球大纲

课程教学大纲是按照教学计划要求,课程在教学计划中的地位、作用、性质、目的和任务而规定的课程内容、结构体系、知识范围、教学要求等基本纲要。教学大纲是实施教学计划的基本保证,也是编写教材、组织教学、考核教学质量的指导性文件。

高校网球课程的教学大纲需明确规定课程在专业教学计划中的地位和作用,确定网球课程教学的基本任务和要求,并依据学科的知识系统与有关先行课、后续课之间的联系,确定各节课的基本内容、重点和难点,并能反映出本学科的新成就和学科方法的方向;同时要提出网球课程教学组织实施的原则和学时数,并分列理论课、实践课的教学时数的分配。[12]各个高校可从各自的实际出发拟定网球课程大纲,教师应该了解、熟悉、钻研教学大纲,并在自己的教学实践中执行大纲。无论是教材和教学参考书的选编、授课计划的制订,还是成绩考核、教学检查及课程评估,都要以教学大纲为依据。

根据有关教学大纲编写的总体要求,网球课程教学大纲的内容可分为以下四个部分:

(1)基本信息部分:给出该所授网球课程的基本信息,可以根据初学、提高、进阶水平划分。

(2)教学指导部分:就该课程的教学目的、教学内容的选择原则、教学要求与教学指导、先行课程与后续课程等进行阐述,使得教学大纲在教学方面能真正起到指导作用。

(3)教学内容部分:根据教学内容的选择原则,以二级或三级条目的形式列出本课程的主要教学内容及学时分配,列出各条目应覆盖的知识点,必要时说明其中的难点和重点。

(4)参考附录部分：给出网球课程的推荐参考教材以及其他主要参考书籍，必要时还可附录与本课程有关，或与该教学大纲编写有关的资料或文献目录。在对教学大纲修订时，简要说明此次修订的原因和主要内容。

网球课程教学大纲编写内容方面的具体要求如下：

一、编写格式要求

教学大纲应采用统一的格式，包括字体样式、字体大小、标题格式、行间距、缩进等。教师可通过修改该样例中相应的内容来完成各课程教学大纲的编写工作。

二、网球教学大纲案例分享

××大学网球教学大纲

（一）教学目的

1. 了解网球运动的历史。

2. 学习网球底线、网前和发球技术。

3. 学习网球的基本比赛规则和战术。

4. 发展学生的力量、速度、耐力、柔韧和协调灵敏能力，促进身心全面发展。

5. 增强意志，培养集体观念，形成终身体育锻炼意识，加强组织纪律。

6. 提高心理调节能力，排除各种不健康的心理因素，使个体在与环境的和谐统一中获得欢快感，达到身心健康的目的。

……

第三节　教学任务

1. 使学生基本了解国内外网球运动的起源和发展
2. 使学生初步掌握网球的主要技术,具备基本的对打和比赛能力
3. 使学生了解世界主要网球竞赛的基本知识
4. 具备参加单打和双打比赛的能力和水平,掌握比赛计分规则
5. 网球思政:网球比赛礼仪、网球观赛礼仪、为祖国健康工作五十年、李娜(人物篇)、郑钦文(人物篇)等

第四节　教学内容

一、理论知识

1. 网球运动的起源
2. 网球运动的简史
3. 国际网球与中国网球
4. 四大国际网球公开赛
5. 戴维斯杯、联合会杯团体赛
6. 世界著名网球运动员
7. 单打比赛规则
8. 双打比赛规则
9. 网球思政:赛程礼仪、观赛礼仪和训练礼仪

二、网球基本技术与战术

1. 握拍法

(1) 大陆式握拍

(2) 东方式握拍

(3) 半西方式握拍和西方式握拍

(4) 双手反手握拍

(5) 单手反手握拍

2. 网球的基本步伐

(1) 分腿垫步

(2) 底线左右移动步伐

(3) 网前移动步伐

(4) 中场随球上网步伐

(5) 高压移动步伐

(6) 接发球步伐

(7) 开放式站位击球

(8) 半开放式站位击球

(9) 开放式站位击球

3. 网球的基本技术

(1) 底线正拍击球技术

(2) 底线反拍击球技术

(3) 发球技术

(4) 接发球技术

(5) 网前截击技术

(6) 网前高压技术

(7) 切削球技术

(8)中场落地球技术

(9)中场凌空球技术

(10)挑高球技术

(11)放小球技术

4. 网球单打打法

(1)底线攻击型打法

(2)防守型打法

(3)防守反击型打法

(4)全场型打法

(5)发球上网型打法

5. 网球双打打法

(1)双底线型打法

(2)一前一后型打法

(3)双上网型打法

(4)澳式站位

三、身体素质

1. 一般身体素质

2. 专项身体素质

3. 功能性训练

4. 体质健康测试

四、考试内容、方法、评分标准

专项技术部分:满分100分。

(1)优秀(90-100分):动作标准、合理、熟练;击球技术稳定,成功率高,脚步移动到位。

(2) 良好(80-89分):动作基本合理,击球技术较稳定,掌握步伐。

(3) 及格(60-79分):能够完成基本的技术动作,但存在一定的动作、击球成功率不高、脚步移动问题。

(4) 不及格(60分以下):动作不熟悉,击球技术不合理,击球成功率较低,移动步伐不协调、合理。

五、导学导练

(1) 教师每次网球课结束后布置课后练习内容,包括挥拍练习、对墙击球练习、多球练习、步伐练习等,学生按要求业余每周练习两次以上。

(2) 组织学生参加校新生杯、学院杯和体育文化节网球比赛的裁判工作,熟悉网球规则运用。

(3) 组织学生参加网球俱乐部,课后有组织地巩固和学习网球技术。

(4) 校网球俱乐部每年举办观看上海大师杯的活动,鼓励学生参加。

六、相关网站介绍

(1) 中国网球协会网站:www.tennis.org.cn.

(2) ITF 国际网球联合会:https://www.itftennis.com/en.

(3) 国家体育总局:https://www.sport.gov.cn.

(4) UTR 网球水平评分系统:https://utrsports.net/.

(5) 男子职业网球联合会 ATP:https://www.atptour.com/en.

(6) 女子职业网球联合会 WTA:https//www.wtatennis.com.

七、教法建议和要求

(1) 将传统网球技术教学方法与快易网球教学方法相结合,通过3种降压球(25%、50%、75%),让学生尽快建立网球球感和在接近实战对打的练习模式下逐步提高学生的综合击球能力,提高学生学习网球的积极性和趣味性,让初学者尽快地进行对打、发球和得分;同时结合基本技术的教学,让学生体会网球正确的基本动作。[13]

(2)充分利用科技信息化的电化教学,让学生更加直观地了解网球各项技术动作的要点、细节和网球比赛规则,提高教学效果。

(3)结合不同阶段的教学要点,调动学生的积极性,培养学生的运动习惯。

(4)结合教学、组织比赛,让学生达到互相学习、促进的效果。

八、教学计划学时分配表

教学计划学时分配表见表 7－1。

表 7－1　　　　　　　　教学计划学时分配表

课程内容		第一学期 学时	第二学期 学时
专项理论知识		2	2
基本技术	正、反拍击球	14	14
	发球和接发球	4	4
	基本步法	2	2
	网前技术	4	4
	对打来回	3	3
基本战术	单打战术	2	2
	双打战术	2	2
身体素质		1	1
体质测试		2	2
合　计		36	36
课外锻炼		每周不少于 2 次	

九、教学日历

教学日历见表 7-2。

表 7-2　　　　　　　　　　　　教学日历

周次	教学内容	备 注
第1周	1. 学期教学安排 2. 网球的起源、发展和特点介绍 3. 握拍法 4. 球感练习 5. 正手技术动作讲解、挥拍 6. 多球：原地手抛球，正手技术练习	
第2周	1. 网球球感练习、快易网球教学 2. 正手挥拍技术 3. 多球：原地手抛球，正手技术练习 4. 素质练习：跳绳	
第3周	1. 网球球感练习、快易网球教学 2. 挥拍：正手；学习反手技术 3. 多球：原地手抛球，反手技术练习 4. 素质练习：腿部力量	
第4周	1. 快易网球教学小场对打 2. 多球：原地手抛球，正、反手技术练习+回位 3. 素质练习：柔韧性、核心训练	
第5周	1. 快易网球教学小场地对打 2. 多球：原地正、反手分级技术动作多球练习+回位分腿垫步 3. 素质练习：有氧训练	
第6周	体质测试（身高、体重、肺活量、坐位体前屈、800/1 000 米）	
第7周	体质测试（男引体/女仰卧起坐、立定跳远、50米）、补测 1. 快易网球教学小场地对打+要求来回 2. 多球：原地手抛球，正、反手完成技术动作练习 3. 抛接球练习：学习发球铺垫+对打移动球感建立	
第8周	1. 体育游戏：贴年糕（跑动、反应和灵敏能力） 2. 多球：远距离手抛球，正、反拍多球练习 3. 发球技术动作讲解+挥拍	
第9周	1. 体育游戏：网鱼 2. 多球：隔网手抛球，正、反拍多球练习 3. 快易网球隔网对打练习 4. 发球技术动作学习+抛球练习	

续表

周次	教学内容	备注
第10周	1.行进间综合热身+小素质练习 2.发球技术学习 3.网球步伐练习 4.手抛球隔网正反拍多球练习	
第11周	1.行进间综合热身+小素质练习 2.发球、接发球技术学习 3.用拍子送球,隔网正反拍多球练习 4.快易网球根据学生情况使用三色球对打练习	
第12周	1.行进间综合热身+小素质练习 2.发球、接发球技术学习 3.用拍子送球,隔网正反拍多球练习 4.快易网球根据学生情况使用三色球对打练习	
第13周	1.行进间综合热身+小素质练习 2.发球、接发球技术学习 3.用拍子送球,隔网正反拍多球练习 4.快易网球根据学生情况使用三色球对打练习	
第14周	1.行进间综合热身+小素质练习 2.发球、接发球技术学习 3.用拍子送球,隔网正反拍多球练习 4.快易网球根据学生情况使用三色球对打练习	
第15周	1.网球练习 2.网球正、反拍考试	
第16周	1.理论:师生进行教与学方面的教学总结 2.补考+机动	

第五节 网球课程教案

教案又称课时教学计划,是根据学期教学工作和单元教学工作计划,针对授课班级的具体情况而编写的每次课的具体执行计划。[14]教案也是在教学设计的基础上体现教师的教学观念、教学方法和组织策略及手段等。教案设计的成功与否直接影响着课堂教学效果的好坏。同时,教案也反映了教师的业务水平、教学技巧和创新思维。[15]编写教案应是在了解学生情况、钻研教材教法和掌握教学条件的基础上进行的创造性活动。

一、网球课教案

网球课教案分为实践课教案和理论课教案。由于网球项目自身的特点,加上高校中开展网球课多以实践课为主,因此本书主要介绍实践课教案。

二、设计编写网球课教案应具备的特点

(1)要确立每堂课明确而又具体的学习目标。

(2)内容的选择和组织教学能有效地促进学生达成本次课的学习目标。

(3)重视通过多种手段和方法激发学生对体育学习和活动的兴趣,活跃课堂气氛,从而使学生在愉快的体验中获得知识和技能。

(4)各项任务的时间不要安排得过死,可根据学生水平和情况灵活调节。

(5)教案力求简单明了,使教师有更多的时间考虑创造性的教学。

(6)给学生布置课外体育活动的作业,促使学生逐步养成坚持体育锻炼的习惯。

三、网球课教案设计

(一)网球课的目标

网球课的目标一般在教案的开头部分说明,是指导一节专项课程的基本思想。目标要全面、恰当、具体。

1.全面

这里的全面一般是指围绕《全国普通高等学校体育课程指导纲要》的五个领域来制定教学目标[16],包括运动参与、身体健康、运动技能、心理健康和社会适应。当然,作为具体的一节课,不一定要面面俱到,但是应尽可能全面。这里需要一提的是,每一节体育课都应该有重点目标,也应该有基本目标。[17]

2.恰当

这里的恰当是指对实现不同的教学目标的程度的描述应使用专业术语。例如,对学习新教材的描述一般使用"学习""初步掌握""建立""概念"这样的术语。这里的"学习""初步掌握"的含义是指学生基本完成了对技术学习的泛化期的过渡。[17]对复习旧教材的描述一般使用"复习……改进……提高……进一步提高"这样的术语。这里的"复习""改进"的基本含义是指学生初步完成了技术学习的分化期的过渡;"提高""进一步提高"的基本用语是指学生基本完成了对技术学习向熟练掌握的过渡。对发展学生身体素质和提高身体机能的描述一般使用"发展……增强……提高……促进……"这样的术语;对思想品德方面的描述一般使用"培养……加强……发扬……调动……"这样的术语。[18]

3.具体

这里的具体是指本次课程要实现的教学目标应通过明确的手段去实现,并且这个目标是具有本次课程的特点、可实现和表现的目标,例如,通过多球定点手抛球练习,提高学生击球点的准确性和建立正确的技术。[17]

(二)动作要领

动作要领是身体练习的技术基础,包括身体练习的主要环节及其动作顺序。[18]在网球课的教案中,可以使用视频、演示或语言的方式对新技术动作给予细致而正确的描述。

与技术动作要领比较接近的概念是动作要点(或称技术要点),是指对动作要领的简洁描述。在网球课的教案中,对技术描述多用动作要点的概念,这种描述比较简单,常常用技术口诀的形式表达。

(三)重点与难点

重点与难点是指一节课通过学习主要达成的目标。一般而言,短短的一节体育课不可能不折不扣地完成所有的教学任务,它仅是学期或单元教学计划的有机组成部分之一。[17]因此,每一节网球课应该有一个教学重点和难点。教学的难点具有主观性,它不仅与技术动作有关,而且与教学对象的学习能力、运动能力、身体素质等密切相关。例如,网球基本正反手技术练习,这对学生的空间感觉、手眼脚协调能力、技术动作的合理性都密切相关。因此,教材的难点往往因人因时而异。

(四)教学组织

教学组织是指教学分组和分组教学、基本练习队形及调动,器材的摆放、使用以及教师指挥和示范的位置等。在网球课教学的教案中,教学组织可以用图形或者符号表示,这样可以使教案简明一些。

(五)教学步骤

教法步骤在教科书中没有明确的定义。它实际上是教学方法和教学步骤的复合词,是指教、学、练的有机结合及其有序过程。

(六)教学评价

教学评价是课后分析教学的第一手资料。教师应在教学步骤完成后给学生提供一个表述教学是否实现或实现程度的机会。教学评价的主要目的就是检查教学目标设定是否合理、教学步骤安排是否超出了学生的实际接受能力、传授或呈现教材的方法是否便于学生的理解和记忆等,找出教学中存在问题的根源,确定纠正和改进的方法。教学评价不仅为教师提高教学技能和教学水平提供了可能性,而且促进了教师之间的相互学习和师生之间教与学的交流反馈。[17]

四、网球课教案的格式案例分享

网球课教案的格式见表7-3。

表7-3　　　　　　　　　××大学网球课教案示例

年级		人数		日期		执教	
班级		组班形式		周次		课次	
教学内容		1.体育游戏。 2.网球握拍和球感练习。 3.网球正手技术动作学习。		重点		网球正确的握拍和建立基本球感。	
				难点		掌握正确的正手技术动作,体会正确的击球点,身体协调完成动作。	
教学目标		1.通过体育游戏,完成第一次体育课破冰,游戏中发展学生灵敏、协调和跑动能力。 2.掌握正确的大陆式握拍和东方式握拍方法,进行基本的网球球感练习。 3.通过正手技术动作学习,掌握正确的技术动作和击球点。					

课序	时间	教学内容	运动负荷			组织与教学
			次数	时间	强度	
开始部分	5分钟	课堂常规: 1.教师整队,集合,师生问好。 2.点名。 3.宣布本次课的内容和任务。 4.安排见习生。	1	5分钟	中小	队形: ＊＊＊＊＊＊＊＊＊＊ ＊＊＊＊＊＊＊＊＊＊ ▲ 1.队伍集合保持快、静、齐。 2.着运动鞋、运动装。
准备部分	15分钟	一、慢跑 绕网球场慢跑3圈	1	5分钟	中小	一、队形: ＊＊＊＊＊＊＊＊＊→ ＊＊＊＊＊＊＊＊＊→ 二、要求:精神饱满,队伍整齐 1.目的:课前热身。 2.方法与要求:成两路纵队沿网球场慢跑3圈。 3.步伐一致,精神饱满。
		二、关节操 (1)头部运动 (2)扩胸运动 (3)肩部运动 (4)体转运动 (5)弓步压腿 (6)侧压腿 (7)膝关节运动 (8)腕、踝关节运动	4×8拍	5分钟	小	一、队形:呈体操队形散开 ＊＊＊＊＊＊＊＊＊＊ ＊＊＊＊＊＊＊＊＊＊ ▲ 二、讲解与示范 1.教师讲解与示范关节操,口令提示。 2.学生在教师的带领指导下认真观察,模仿练习。 要求:动作正确,幅度大,有力,整齐划一。
		三、体育游戏:网鱼	1次	10分钟		讲解与示范: 半片网球场2人一组结对子,手拉手,进行抓人和追逐游戏。 学生在教师的带领与指导下掌握游戏规则,进行练习。

续表

基本部分	55分钟	一、网球东方式握拍介绍	1次	5分钟	中小	一、队形:呈体操队形散开 ＊＊＊＊＊＊＊＊＊ ＊＊＊＊＊＊＊＊＊ ▲ 二、讲解与示范 1.讲解与示范大陆式、东方式正手握拍。 2.模仿练习:学生先模仿做正拍握拍,教师巡视,逐一帮助纠正。 3.要求:将拍面垂直于体前,东方式正手握拍指食指腹与小鱼际部位连线同时对准拍柄3号棱面。拇指刚好高于中指而低于食指,掌根与球拍柄末端平齐。
		二、熟悉球性练习 (1)正拍面颠球 (2)反拍面颠球 (3)正反拍面交换颠球 (4)向下拍球	每个练习30次	5分钟	小	一、队形:呈体操队形散开 ＊＊＊＊＊＊＊＊＊ ＊＊＊＊＊＊＊＊＊ ▲ 二、讲解与示范 1.讲解与示范颠球技术。 2.模仿练习:学生跟做,教师巡视,逐一帮助纠正。 3.要求:颠球位置在腰部高度,手腕固定,手眼脚配合。
		三、正手击球动作学习 (1)讲解与示范	50次	10分钟	小	一、队形:呈体操队形散开 ＊＊＊＊＊＊＊＊＊ ＊＊＊＊＊＊＊＊＊ ▲ 二、讲解与示范 1.讲解与示范正手技术动作。 2.学生认真听讲。 动作要点: 准备姿势:两脚平行开立与肩同宽,膝关节稍微弯曲,身体重心置于前脚掌。右手采用东方式握拍法握拍,左手托拍颈。拍面与地面垂直,拍柄与腰同高,拍头与胸齐高,双眼注视前方。 转肩引拍:采用C型或直拉式引拍法。 击球点:与左髋齐平处,击球时拍面要与地面垂直,拍头不要下垂,手腕要保持固定。 随球动作:击球后向前上方挥动,挥至左肩上方结束。

续表

基本部分	55分钟	(2)挥拍练习 跟随教练节拍进行挥拍练习:①准备;②侧身;③拉拍;④收拍;⑤还原。	50个	10分钟	小	一、队形:呈体操队形散开 * ▲ 二、要求:(1)听口令,跟随教练先做分解动作,再做完整挥拍动作。 (2)学生原地挥拍练习,教师巡视,纠正动作。
		(3)手抛球,多球定点练习 一人负责抛球,练习同学按照纵列排队,采用轮换练习方法,第一位同学练习多球正手定点击球,后面同学进行跟随挥拍练习。标志桶摆放位置,注意间距,保证安全。	20个一组轮换练习	10分钟		一、队形:4片网球场分组进行练习 二、要求: (1)击球点要准确; (2)拍面保持与地面垂直; (3)击球时手腕固定; (4)随挥完整,重心保持平衡。
结束部分	10分钟	一、放松练习(拉伸放松) (1)肩部、手臂拉伸 (2)腿部拉伸 (3)全身放松		10分钟	小	一、队形:呈体操队形散开 * ▲ 二、练习方法: 教师带领学生放松,调整呼吸与身心。 三、要求: (1)注意力集中,跟随教师做动作,积极模仿。 (2)跟随教师调整呼吸与身心。 (3)身心放松,呼吸配合,评价自我感受与体验。
		二、教师小结				一、队形 * ▲ 二、对课堂学习和练习做评价 三、表扬优点,批评不足 四、布置课后作业
		三、师生再见				
场地器材	场地:×××××× 器材:网球200个,球框4个,捡球器4个。			安全保障		教师:课前检查场地
课后小结						

第八章

大学高水平网球队训练

第一节　网球专项体能训练

网球是一项动作精细、技战术复杂多变、对抗激烈、对体能和运动智能要求很高的技能与体能同时主导的小球类隔网对抗性项目。网球属于间歇性运动。高强度击球和间歇性休息交替进行是网球比赛的基本特征。一场网球比赛的持续时间为1.5-5h,平均回合时间为4-10s,回合之间的平均间歇时间为10-25s,运动与休息的比值为1∶1-1∶4,有效比赛时间为20%-50%。网球比赛中运动员平均每次击球的移动距离为3m,每得1分,移动的距离为8-15m,需要完成4次变向动作,击球次数为2-6次。比赛中约80%的击球处于运动员移动距离的2.5m范围以内,运动员需要有300-500次的高强度运动,比赛的总跑动距离为1 100-3 600m。因此,网球专项体能训练要围绕专项力量、速度、耐力、步伐和柔韧来发展。

一、网球运动员功能性训练的意义和作用

功能性体能训练是近年来从国外引进的新兴训练理念,更加注重神经对整条

人体运动链为基础的各部分肌肉的协调控制,模拟网球技术动作、运动代谢特点,迫使人体在接近专项特点条件下发挥出最佳运动表现能力,包括运动衔接的加速度、稳定性及减速等练习在内的多关节、多维度、整体性动作训练,以及结合专项代谢特点的心肺耐力训练。

网球功能性体能训练涉及对于人体力量、速度、耐力、灵敏、协调和柔韧等多种基础性运动能力的训练。通过对运动员相关身体素质进行训练,以保证网球运动员在适应当今职业网球比赛强度基础上保证运动员技术动作的正常完成。高水平运动员体能训练应该更具有针对性,在预防伤病和康复体能训练的基础上保持体能训练的连贯性。赛期必须科学地安排体能训练,训练的安排有阶段性区别,以建立良好的符合比赛特点的神经肌肉模式。教练员在平时运动员体能的训练过程中应有意识地思考是哪些因素使运动员的这个动作做到现在这个程度,在未来用什么样的训练方式可以把运动员所做的动作发展到怎样一个标准,注意观察运动员所做动作的每一个细节。如运动员在力量训练中持哑铃等器械模仿网球反手击球时(单手反拍),教练员不能只简单地看运动员动作外在的表现形式或击球的质量,更重要的是看运动员发力的顺序是否形成动力链,这对运动员的训练更加重要。

现代功能性体能训练对网球运动员提高专项技术、获得优异的比赛成绩具有其独特作用。现代功能性体能训练更像是运动员各项一般性身体素质与专项技术之间的桥梁(见图8-1)。一方面,功能性体能训练能够提高肌肉力量的传递性和神经控制肌肉的能力。功能性体能训练可以训练运动员将力量通过人体运动链从脚底传递至上肢,并通过多块肌肉的协调配合及神经对肌肉的精确控制,将机体产生的多种力量有效地表现在运动员的击球效果上。另一方面,功能性体能训练模拟运动专项代谢特点,通过模拟运动比赛运动量以及运动强度,有效提高运动员的心肺耐力水平。功能性训练提高了训练手段的专项化、个性化,缩小了训练和比赛的差距,确保身体功能与实际比赛无缝衔接。

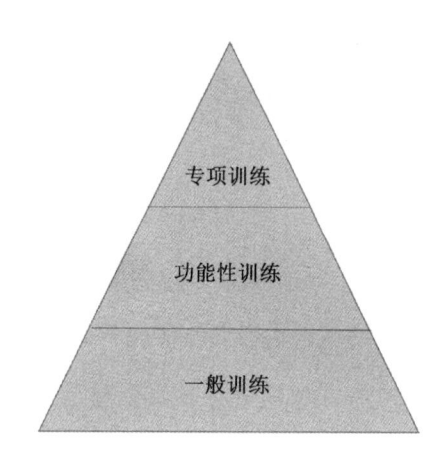

图 8-1 运动训练的基本结构

二、准备活动

准备活动是所有运动训练课中的必要环节。传统体能训练模式一般包括慢跑、拉伸与专项准备活动,但是在这种传统模式下的准备活动并不能充分实现预期效果。在最新的体能训练方法中准备活动不只作为训练主体部分的辅助部分存在,而是单独作为一项训练进行,主要包括三个环节:

第一,使用放松轴梳理和唤醒肌肉软组织。该环节可有效刺激肌肉、筋膜等软组织,消除潜在肌肉的紧张与痛点,在运动前形成良好的感觉,更加有利于从日常活动状态过渡到训练、比赛状态(见图 8-2)。

图片来源:百度。

图 8-2 泡沫放松轴

第二,由静态拉伸逐步向动态拉伸过渡的训练方法,同时还将神经协调性训练融入准备活动当中。该环节依据"动作是竞技运动的基石,专项技能由人体基本动作组合而成"的基本理论,通过进行各种基本动作模式对肌肉、关节进行拉伸以及体温的升高,又预演了各种基本动作模式,在神经系统留下痕迹,这将有利于改善技术动作质量。

第三,激活神经训练。该环节通过结合网球专项步法的灵敏性训练,有效激活神经系统,缩短肌肉离心收缩与向心收缩之间的转换时间,提高肌肉输出功率,例如,通过九宫格、敏捷梯、药球、弹力带等进行练习(见图 8-3)。将这种训练方式融入准备活动当中可以进行高频动作训练,快速提高运动员的心率,让运动员尽快进入工作状态,同时训练了运动员的协调性。

图片来源:百度。

图 8-3　九宫格、敏捷梯和药球

三、力量训练与协调性训练

运动是由神经中枢控制的复杂活动。神经中枢控制着预先设定的动作模式。

在体能训练中,力量训练是重中之重,主题模块是提高运动员承担较大运动负荷的可靠保证。在传统体能训练中,力量训练就是要求运动员练强练壮,强调单块肌肉的肌力或者围度的增加。现在网球中更强调在要求增长单块肌肉肌力的同时,更要求多块肌肉的协调发力练习,通过训练这一部分动力链上的肌群,增强这部分肌群的整体肌力和协调能力,以提高这部分动作的运动表现力。在训练核心肌群的肌力的同时更加注重训练核心肌群与躯干肌群的协调作用,将身体各部分肌肉功能协调起来。

例如,跪姿哑铃曲臂上举(见图8-4),这个专项性练习模拟的是整个上半身运动链的动作。练习身体动力链运动时上肢的爆发力发展,跪姿两臂持哑铃自然下垂,目视前方;两臂肱二头肌收缩屈肘,将哑铃置于胸前;上半身下坐,屈膝坐于腿上,微收腹蓄力;腰腹向上发力,双臂持哑铃借助腰腹力量发力上举。这个动作需要依靠腰腹的力量使双臂上举,在训练上肢爆发力的同时练习了运动员整个上半身的发力协调性。这套动作与网球运动员发球动作的发力顺序是十分相似的。

四、心肺耐力训练

每个运动员都需要有基本的心肺耐力,许多种训练形式和计划都可以达到这个需求。强化性间歇训练法是目前针对符合有氧和无氧混合代谢供能特点运动项目训练的主要训练方法和手段,能够发展机体无氧代谢系统与有氧代谢系统混合供能能力,通过训练,能够提高机体的糖酵解供能系统和非乳酸运动能力,发展机体的有氧运动能力。其特点是用于训练的总量小,所用时间少,有助于机体在激烈和复杂的比赛环境中确保技术动作的稳定发挥;机体通过大强度的心率刺激,可以提高乳酸的耐受能力,保证运动员在较高强度下的持续运动能力。

早年留学德国曾在拜仁慕尼黑做过运动理疗师,在台湾直棒联盟担任运动防护师数十年,并帮助江苏网球队获得男队团体冠军的体能师叶恩认为,体能训练要让运动员有专门的时间去模拟适应比赛时的强度甚至适应高于比赛时的强度,因此在训练中使用了强化性间歇训练法进行心肺耐力训练,例如,高强度的间歇

图8—4 跪姿哑铃曲臂上举[19]

性力量训练(见图8-5),即让运动员在规定时间内完成多个一般性的或者专项化的爆发力训练项目。动作完成时间和间歇时间的设置都是根据网球的每回合对抗时间、间歇时间制定的,这都极大地贴近专项模拟专项动作、强度、训练量。

再例如,根据网球平均每回合持续时间与间歇时间,运动员在跑步机上进行有氧耐力训练时要求模拟网球强度进行训练,在多组数快速度情况下每组跑5秒,休息5秒,跑10秒,休息10秒,跑15秒,休息15秒。当今网球高强度、高对抗、快节奏的发展趋势,要求运动员拥有快速的反应能力、强大的爆发力、快速的移动与变向能力。网球每分的取得以三磷酸腺苷和磷酸肌酸供能为主,糖酵解系统次之,同时网球又具有独特的计分方式,既有分与分之间的竞争、局与局之间的竞争,又有盘与盘之间的竞争,此期间主要是有氧氧化系统供能,运动员需要耐受激烈运动中产生的乳酸。

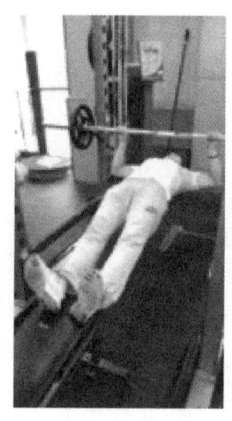

图8—5 高强度的间歇力量训练[19]

第二节 大学生高水平运动员训练计划

一、分阶段训练计划的重要影响因素

(一)进入最佳状态的时间

(1)一名运动员全年的训练和竞赛日程的衔接应使他在计划的最重要的比赛中在心理、体能和技术上调整至最佳状态。

(2)由于一个人不可能随时发挥出最佳水平,因此教练员和运动员双方必须决定何时进入最佳状态。

(3)一名网球运动员在正常情况下一年中能发挥最佳水平五次或六次。

(二)训练周期安排

(1)教练员和运动员应该通过讨论决定哪几项比赛对运动员的成绩最为重要。

(2)使用专门的网球身体素质测试手段测验运动员的身体素质以确定运动员底线的能力水平也是重要的。

(3)需根据周期进行训练,特别强调高强度训练与恢复的平衡。

(4)为确定训练周期,训练日程应尽量提前。

(三)避免紧张

(1)如果要在最理想的时间进入最佳状态,则应仔细地监控紧张与恢复的周期规律。

(2)运动过程中的紧张应是阶段性的。

(3)运动员长期的、持续的紧张将导致状态不佳、精力不能集中和过度疲劳。

(4)恢复的周期对于运动员进入最佳状态与训练周期具有同等的重要性。

(5)紧张分为生理性紧张和心理性紧张。

(6)当训练过度刺激运动员身体的各项功能时,可能会导致舒张和恢复机制失灵。

(7)全部训练负荷应尽可能大,但避免出现训练过度。

(四)综合性训练

(1)一名运动员需要训练爆发力,必须按照计划,而且必须在一月、二月和三月进行杠铃训练,这并不意味着他不能参加比赛,而恰好表明杠铃训练不应中断。它还意味着运动员同意在这几个月中降低水平,以便在这一周期的剩余时间里得到提高。

(2)高水平的网球选手有时甚至要求加大训练量以促进提高。

(3)尽管运动员前期阶段的水平可能受到一些影响,但后期的身体、心理和技术方面的提高将对长期的提高有着更大的影响。

(4)这不是说,运动员可以带着不尽力的思想进入比赛。每场比赛都要争取赢。但是如果运动员感觉他的状态不是最好,其中有生理上的原因,则应作为计划的一部分予以理解。

(五)避免训练过度

(1)当运动员从连续的训练中不能得到更多的效果时,就出现训练过度。

(2)训练过度的运动员因疲劳和烦躁而埋怨,他们害怕上训练课,吃饭乏味,水平出现下降,睡眠不正常,而且心理上崩溃,滥服药品或酗酒等。

(3)为避免训练过度,重要的是对整个训练量进行监控。

(4)频率:每周进行专项训练的天数,例如,每周(非赛季)隔天轮流进行3天的身体训练和杠铃训练以及每周(赛季)进行1天训练。

(5)强度:运动员的专项训练,例如,临近赛季时,杠铃训练和身体训练的强度由慢至快。

(6)持续时间:运动员用于专项训练的时间的长短,例如,在非赛季中,更多的时间用于杠铃训练和身体训练。

二、大学生运动员双学年训练计划和双学年的训练阶段(大周期)

(一)阶段划分

大学生运动员双学年训练计划和双学年的训练阶段划分见表8-1。

表8-1　　　　　　　　　　训练阶段划分

训练阶段	
准备阶段	一般性准备阶段
	专项准备阶段
赛前阶段	
比赛阶段	
过渡阶段或积极修整阶段	彻底休息阶段
	积极修整阶段

(二)不同阶段的训练原则

1. 双学年网球训练计划的一般性准备阶段原则(见表 8-2)

表 8-2　　　　　　　双学年网球训练计划的一般性准备阶段原则

分　类	一般性准备
目的	• 为训练而训练。 • 训练量增加。 • 夯实基础。 • 维持高水平的身体训练。 • 接受有氧训练和力量训练。 • 保持大运动量,小强度。 • 培养果断的、有活力的网球运动员。 • 了解战术目的。 • 学习网球的专项运动。 • 提高运动员的责任心和对网球的投入。 • 在比赛中尽量少注重结果。 • 打出风格,而不是为成绩烦恼。
时间	• 5—6 周。 • 不得少于 4 周。 • 整个准备阶段(一般性准备和专项准备)4—12 周。
技战术	• 提高稳定性的练习和对攻的能力。 • 允许使用半个场地。 • 减少自杀性失误。 • 教练员确保使用正确的技术。 • 传授新的技能(技术和战术技能)。 • 运动员要加倍努力。 • 救起每一个球。 • 训练时主要是改进不足的方面,但同时也要发扬长处。 • 对击球技术做必要的改进。
体能	• 接受和采用有氧训练法:肌肉和心肺耐力训练。 • 心率分别达到最大心率的 55%、85%。 • 25—40 分钟的连续长距离训练,每周 3 次或 4 次。 • 采用间歇训练法。 • 交叉训练:自行车、游泳、篮球、足球、排球等。 • 大运动量,但不是大强度训练。 • 接受力量训练:用轻杠铃重复训练(2—3 组,每组重复动作 12—15 次)。 • 30 分钟的力量训练计划,一周 2—3 次。
心理	• 确定近期目标。 • 评估心理上的弱点。 • 建立运动员的心理档案。

续表

分 类	一般性准备
比赛	・比赛时不必太注重结果。 ・减少参加比赛的次数。 ・若有比赛,则利用比赛提高技战术水平。 ・带着长期提高的目标参加比赛。

2.双学年网球计划的专项准备阶段原则(见表8-3)

表8-3　　　　双学年网球计划的专项准备阶段原则

分 类	专项准备
目的	・通过训练成为极具攻击力的选手。 ・通过训练提高并完善技战术。 ・提高网球专项身体素质;接受无氧训练,提高速度和爆发力。 ・小运动量,大强度。
时间	・5—6周。 ・任何时候不得少于4周。 ・整个准备阶段(一般性准备和专项准备)的时间为4—12周。
技战术	・训练技术特长。 ・接受战术知识。 ・大强度的爆发力练习。 ・发球和接发球专项训练。 ・使用整个场地。打几盘练习比赛。若一天打两次,则第一节课应为比赛练习,第二节课为练习比赛。 ・练习运动员将在比赛中和比赛场地上采用的打法。 ・训练课的时间可缩短一些,但需保证强度和质量(每周打4分,而不是11分或21分)。 ・设计高强度的实战。 ・重点放在已经进行过的练习上,即训练特长,以建立自信。
体能	・接受无氧训练法:间歇训练、加速跑、任意变速跑。 ・接受速度训练法:加速跑、弹跳训练。 ・接受爆发力训练法:用小运动量、大强度训练爆发力。 ・接受力量训练法:用中等重量的杠铃连续重复动作(3—4组,每组重复动作8—10次)。 ・训练和休息的比率接近网球比赛(约为1:3)。 ・每组动作少于20秒的练习占80%的时间,每组动作多于20秒的练习占20%的时间。 ・两盘之间的休息间隙为15—30秒,整节身体训练课中每次休息为2分钟。

续表

分 类	专项准备
心理	• 强调心理技能,例如,对待失误的态度、两分之间的间歇时间的对策。 • 对压力的适应能力。 • 树立运动员的自信心。 • 检讨情绪上的习性。 • 目标定位。 • 放松的技巧。 • 保持心情愉快。
比赛	• 开始多参加二流水平的比赛。 • 增加练习比赛的次数。

3. 双学年网球训练计划的赛前阶段和比赛阶段原则(见表8-4)

表8—4　　　　双学年网球训练计划的赛前阶段和比赛阶段原则

分 类	赛前阶段	比赛阶段
目的	• 精心调整比赛技能。 • 从实战出发检验运动的技能。 • 能在短期改进的具体建议。 • 坚持体能的提高;训练变成非常专项的、大强度、小运动量的训练。 • 随着比赛的临近,逐渐减少训练量。	• 主要目的在于重大比赛中达到最佳状态。 • 保持最佳的体能、技术和心理状态。 • 将比赛和合理的休息结合起来。
时间	• 不论在何处都是1—2周	• 真正的最佳状态只能保持3周,一年中出现3次或4次。 • 无论在何地,比赛阶段长达数周。
技战术	• 训练技术特长。 • 接受战术知识。 • 大强度的爆发力练习。 • 发球和接发球专项训练。 • 使用整个场地,打几盘练习比赛,若一天打两次,第一节课应为比赛练习,第二节课为练习比赛。 • 练习运动员将在比赛中和比赛场地上采用的打法。 • 训练课的时间可缩短一些,但需保证强度和质量(每周打4分,而不是11分或21分)。 • 设计大强度的实战状况。 • 重点放在已经进行过的练习,即训练特长,以建立自信心。	• 使用网球专项的短暂爆发力训练。 • 让比赛的类型适合于运动员的特点。 • 每场比赛前适当地做身体、技术和心理的准备活动。 • 遵循为每个运动员确定的赛前的常规做法。 • 每场比赛结束后做伸展和整理活动。 • 运动量取决于比赛的场数。 • 小的调整。 • 根据对手和场地类型安排训练。

续表

分　类	赛前阶段	比赛阶段
体能	• 接受无氧训练法:间歇训练、加速跑、任意变速跑。 • 接受速度训练法:加速跑、弹跳训练。 • 接受爆发力训练法:用小运动量、大强度训练爆发力。 • 接受力量训练法:用中等重量的杠铃连续重复动作(3—4 组,每组重复动作 8—10 次)。 • 训练和休息的比率接近网球比赛(约为 1∶3)。 • 每组动作少于 20 秒的练习占 80%的时间,每组动作多于 20 秒的练习占 20%的时间。 • 两盘之间的休息间隙为 15—30 秒,整节身体训练课中每次休息为 2 分钟。	• 保持力量和耐力水平。 • 缩短力量训练计划。 • 采用连续动作训练法(1—2 组,每组重复 12-15 次)。 • 保持体能水平。 • 增加"长跑练习":包括加速跑和间歇变速跑。 • 保持身体素质水平(每周 1-2 次 25—40 分钟跑)。
心理	• 强调心理技能,例如,对待失误的态度,两分之间的间歇时间的对策。 • 对压力的适应能力。 • 树立运动员的自信心。 • 检讨情绪上的习性。 • 目标定向。 • 放松的技巧。 • 保持心情愉快。	• 强调进入为迎接比赛的挑战而做好一切准备的状态。 • 开始进行赛前和赛后的日常活动。 • 注意精力集中的技巧。 • 运用录像。 • 激励和纪律。
比赛	• 开始多参加二流水平的比赛。 • 增加练习比赛的次数。	—

4.双学年网球计划的过渡阶段原则(见表 8－5)

表 8－5　　　　　　双学年网球计划的过渡阶段原则

分　类	过渡/修整阶段
目的	• 主要目的是从比赛的紧张状态中恢复,这是重大比赛后积极恢复的阶段。 • 心理和生理上的休整和恢复。 • 评估在刚参加过的比赛中的发挥水平。 • 讨论在比赛中出现的需在下一阶段注意的问题。
时间	• 取决于一年中的时间。 • 1-4 周。
技战术	• 过渡阶段可能是网球训练中最被轻视的阶段。 • 当再次开始训练时,可以安排改变技术动作的训练。

续表

分 类	过渡/修整阶段
体能	• 参加其他运动项目,如足球、篮球、曲棍球等(交叉训练)。 • 轻微的身体训练。 • 交叉训练。
心理	• 回顾比赛阶段中的心理表现。
比赛	• 利用休息日等时间从网球活动中恢复。

(三)双学年训练计划表

双学年训练计划见表 8-6。

表 8-6　　　　　　　　　　双学年训练计划表

运动员/教练员姓名：

月份	九月				十月					十一月				十二月				一月				
周的序号	1	2	3	4	5	6	7	8	9	10	11	12	13	14	15	16	17	18	19	20	21	22
与网球无关的重要活动																						
比赛日程进入状态的程度(最佳状态=10)																						
测验和目标评估日期																						
训练营和周末																						
分阶段训练 身体训练																						
分阶段训练 技术训练																						
分阶段训练 心理训练																						
分阶段训练 强度和运动量(大、中、小)																						

三、网球运动的其他阶段性训练周期

(一)学年/半学年周期(中周期)

学年/半学年周期(中周期)训练的分类和特点见表8-7。

表8-7　　　　　　学年/半学年周期(中周期)训练的分类和特点

分　类	特　点
开始期	准备阶段的初期,2周;小负荷(大运动量,小强度)
准备期	准备阶段的持续时间,2周以上;大运动量,大强度;身体训练和技术训练。
赛前期	准备阶段和比赛阶段的技战术加工,2周以上;小运动量,大强度;网球专项训练和练习比赛。
比赛期	比赛阶段,连续不超过3周,为每天进行比赛做好技术、战术、身体和心理上的准备。
恢复期	专项准备、比赛和过渡阶段中的恢复;数日至数周,小负荷;参加其他运动项目的活动。

(二)周训练(小周期)

周训练的分类和特点见表8-8。

表8-8　　　　　　　　周训练的分类和特点

分　类	特　点
准备期	一般性的准备小周期:网球训练20%、身体训练80%。 专项准备小周期:网球训练35%、身体训练50%、综合性训练15%。
赛前期	网球训练50%,身体训练30%,练习比赛和正式比赛20%。
减量期	它包括逐步减少赛前准备阶段中的训练量,缩短训练课的时间和频率。
比赛期	最多为2-3周和连续的小周期。训练课的强度与比赛一致,结合轻微的恢复运动。大致比例是:正式比赛70%,网球训练15%,身体训练15%。
积极性的休整期	当赛事相隔很近(即少于两周)时,最好安排3天或4天作为一个积极休整的小周期。随后,运动员需要跳过准备阶段,直接进入赛前阶段。大致的比例为:练习比赛15%,网球训练40%,身体训练和参加其他体育活动45%。

四、高水平运动队训练计划示例

(一)高水平网球队(年度)训练计划示例

××大学高水平网球队(年度)训练计划示例见表8－9。

表8－9　　　　　××大学高水平网球队(年度)训练计划示例
(20××－20××学年)

运动员名单	男生:××、××、×× 女生:××、××、×× 备注:×××××			
运动员状况	运动员已经掌握了网球基本技术、知识,身体素质较好,但多数运动员技术上需要改进,身体素质和心理素质有待提高,参加大型比赛较少,经验不足。			
训练目标	通过一学年训练,帮助运动员纠正明显的错误动作,熟练和掌握必要的技术战术,提高身体素质和心理素质,为参加比赛做好充分准备。			
比赛目标	男队: 女队:			
时间和地点	日常训练:每周安排3次,每次3小时,34周共计102次。 暑假集训:周一至周六上、下午训练两次,每次2小时,共计48次。 训练地点:天气好,室外训练;天气不好,室内训练。			
训练内容及时数分配				
	训练内容	第一学期	第二学期	暑期
技　术	正、反拍上旋球 正、反拍下旋球 截击球、高压球、放小球 发球、接发球	50%	40%	20%
战　术	单打、双打	20%	30%	50%
素　质	速度、耐力及意志品质等	30%	30%	30%
比赛计划				
比赛名称	上海市大学生网球比赛	11月		
	全国大学生网球比赛			8月

(二)高水平网球队(学期)训练计划示例

××大学高水平网球队(学期)训练计划示例见表 8-10。

表 8-10 ××大学高水平网球队(学期)训练计划示例

(20××-20××学年第一学期)

任务	恢复体能	基本训练阶段:增强身体素质,改进专项技术,提高战术意识,锻炼意志品质			考试阶段	寒假自主训练	
月份	9	10	11	12		1	2
周次	1 2 3	4 5 6 7 8	9 10 11 12	13 14 15 16	17 18	19 20 21	22 23
内容 技术	√ √	√ √ √ √	√ √ √	√ √ √ √	√ √	√ √ √	√ √
内容 战术		√ √ √		√ √ √			
内容 素质	√ √ √	√ √	√	√		√ √	√ √
内容 测验		○ ●					
内容 比赛		▲ △		▲			
负荷 量度							
负荷 强度							

(节日放假 / 上海市比赛 标注于表中)

注:●技术测验　○素质测验　▲单打比赛　△双打比赛

(三)高水平网球队(周)训练计划示例

××大学高水平网球队(周)训练计划示例见表 8-11。

表 8-11 ××大学高水平网球队(周)训练计划示例

(20××—20××学年第一学期 1-3 周)

周次	课次	主要训练内容
第1周	1	开会:本学期训练动员
第1周	2	14:00-17:00
第1周	2	多球练习:左右移动,不同线路,底线,网前
第1周	3	14:00-17:00
第1周	3	对墙:正反手凌空,连续 10 次
第1周	3	多球练习:左右移动,不同线路,底线,网前

续表

周次	课次	主要训练内容
第2周	4	14:00-17:00 综合跑动练习 补球:二打一底线,二打一随上
	5	14:00-17:00 补球:二打一底线,二打一随上 双打练习:双网前底线,截击到后场,计分
	6	14:00-17:00 对打:左右移动,补球,计失误率 双打练习:发球上网,截击到后场,计分
第3周	7	14:00-17:00 对打:四条线,计分 双打练习:发球上网,截击到后场,计分
	8	14:00-17:00 对打:底线对网前,移动 发球:内角,接发球
	9	14:00-17:00 补球:二打一底线,二打一随上 双打练习:发球上网,截击到后场,计分

第九章

网球常见运动损伤及处理

根据国内外网球伤病相关研究文献,网球损伤的发病率低于团体球类项目,与持拍类项目类似,低于所有项目的平均水平。网球运动员损伤高发部位在肩、腕、下背部、膝、踝、足;损伤类型中有较多的慢性损伤和复发性损伤,慢性损伤多发生于上肢和躯干,下背痛、肩关节损伤和网球肘是较为常见的损伤类型;急性损伤多发生于下肢,膝和踝关节扭伤、腿部肌肉拉伤、痉挛和皮肤擦伤为常见的急性损伤。网球损伤中严重损伤的比例较低。其中,下肢是损伤发生率最高的部位(33%-59%),其次是上肢(24%-38%),最后是躯干(8%-25%)。下肢多发生急性损伤,上肢和躯干多发生慢性损伤;红土场地的伤病发生率低于其他类型的场地,运动员应尽量避免在过热的环境中参与网球运动。

第一节 运动伤害的处理原则

在运动伤害的处理原则中,PRICE(Protection,Rest,Ice,Compression and Elevation,保护、休息、冰敷、压迫包扎和抬高)原则——由五个英文单词首字母组成,便于我们快速记住如何适当地用来做急救处理,例如,处理挫伤(撞伤)、肌肉拉伤、关节扭伤、脱位及骨折等。

一、P = Protect（保护）

第一个字母 P 代表保护。

二、R = Rest（休息）

第二个字母 R 代表休息。运动员要停止受伤部位的运动。受伤后好好休息有助于受伤部位较快恢复。

三、I = Ice（冰敷）

第三个字母 I 代表冰敷。将冰敷袋置于受伤部位，受伤后 48 小时内，每隔 2-3 小时应冰敷 20-30 分钟。冰敷时皮肤的感觉分为四个阶段：冷、疼痛、灼热和麻木。当皮肤麻木时就可以移开冰敷袋，然后在受伤部位以弹性绷带压迫包扎并抬高患处。

冰敷使血管收缩，能减少伤处的肿胀、疼痛及痉挛。受伤之后能否立即使用冰敷关系着复原时间的长短。

四、C = Compression（压迫）

第四个字母 C 代表压迫。压迫使伤害区域的肿胀减小。以弹性绷带包扎于受伤部位，如足、踝、膝、大腿、手或手腕等部位，来减少内部出血。

以弹性最大长度 70% 的紧度来包扎能获得充足的压力，观察露出脚趾或手指的颜色，如果出现疼痛、麻痹、刺痛等症状，则表示包扎太紧，应重新调整绷带的松紧度，为避免肿胀，应用弹性绷带包扎 18-24 小时。

五、E = Elevation（抬高）

第五个字母 E 代表抬高。抬高受伤部位，加上冰敷与压迫，减少血液循环至伤部，避免肿胀。伤部应尽可能在伤后 24 小时内高于心脏部位（可采用躺势）。

当怀疑有骨折时,应先固定夹板后再抬高伤部,但有些骨折是不适宜抬高的。

第二节　擦伤、扭伤

一、擦伤

皮肤擦伤引起的水泡在网球运动中很常见,约占全部损伤的 10.2%,其原因为:一方面,由于球拍的握柄较粗、拍柄较硬、较滑,无弹性,不吸汗,握拍时当皮肤受到反复、快速的交替性剪切力时,摩擦性水泡很容易产生;另一方面,运动者动作不正确、活动时间较长、击球时球拍未握紧或太松、击球时经常打不到球,使拍柄转动,增加与手掌的摩擦,这些都可引起握拍手的拇指关节内侧、手掌与拍柄后部接触的部位和食指处出现红肿、水泡甚至表皮的脱落。水泡产生时,角质上皮层以下的表皮发生坏死,组织间隙的液体逐渐填充到继而形成的空腔中。摩擦性水泡会造成紧绷和有疼痛感,继发感染可能导致进一步的功能障碍。预防措施主要包括:

(1)提高臂力和握力,掌握击球瞬间紧握球拍的能力,打正来球。经过练习,手掌的老茧就不影响打球了。

(2)在球拍手柄上缠绕一层柔软防滑的吸汗带,改善握拍的手感。

(3)选择拍柄粗细适合的球拍;穿着不易打滑的球袜,如吸汗的棉袜,以减少脚与袜子之间产生摩擦。

(4)选择具有良好抗扭性和减震性能的球拍。

二、扭伤

脚踝扭伤是一种常见的运动损伤,通常由于运动前没有做好充分的准备活动、踝关节的肌肉韧带没有活动开、关节韧带的弹性和伸展性较差等原因造成。

预防踝关节扭伤应注意以下几点：活动场地要清理平整，避免坑洼；做好准备活动，运动前做好热身工作，踝关节要充分活动开以后再进行剧烈活动；剧烈活动要讲究正确的姿势，不要用力过猛，防止脚掌内外翻，要使整个脚掌平着落地；平时注意踝关节周围肌肉的锻炼，增强踝关节的稳定性。

脚踝扭伤的紧急处理措施包括：立即抬高受伤的脚，用冷水或冷毛巾外敷，冷敷能使血管收缩，减轻局部充血，降低组织温度，起到止血、消肿、镇痛的作用；合理的适时热敷和冷敷，受伤早期宜冷敷，以减少局部血肿，出血停止以后再热敷，可加速消散伤处周围的瘀血；针对脚踝扭伤合理用药，扭伤初期不需内服药，不宜外敷促进血液循环的药物，以免血流更多，肿胀更大。

对于脚踝扭伤的处理原则，已从最基本的 RICE（rest，休息；ice，冰敷；compression，压迫包扎；elevation，抬高）演变成欧洲骨折和软组织损伤一体化治疗理念提出的 POLICEMM（protection，保护；optimalloading，最适负重；ice，冰敷；compression，加压包扎；elevation，抬高；modalities，物理治疗；medication，药物治疗）原则。脚踝扭伤后要认真对待，有问题需要拍片的，需要去医院检查，不需要去医院的，可以按以上 POLICEMM 方案自行治疗。

如果脚踝扭伤十分严重，如骨骼受伤，有骨折或者脱位现象，则要及时就医，进行专业的治疗。踝关节扭伤一定要引起重视，如果韧带损伤没有得到及时、正确的治疗，则会引起习惯性崴脚，进而引起骨软骨损伤、踝关节骨性关节炎，严重的话，需要做踝关节融合术或者踝关节置换手术。

第三节　水泡、跟腱炎、腱鞘炎、抽筋、半月板损伤

一、水泡

起水泡对于初学网球的人来说是一种常见的运动损伤。起水泡的部位一般

是手部的拇指关节内侧、掌根与拍柄后部相接触的部位以及前脚掌。起水泡的主要原因分为正常原因和非正常原因。

(一)正常原因

一般爱好者初学网球时,有些人总会在持拍的手和脚上磨出水泡,主要原因是握力较差或者手掌、脚底皮肤细嫩,在击球中不断地切换球拍,转动拍柄,以及脚底不断地移动,摩擦增大,从而产生水泡。

(二)非正常原因

有些爱好者打球,特别容易磨出水泡,那就不仅仅是皮肤细嫩的问题了。首先是技术动作不准确,造成经常将球打在球拍的甜区外、边框边缘等处,增加了手掌与拍柄之间的摩擦强度;其次是在击球准备、引拍、挥拍的整个过程中手腕过于紧张,握拍太紧、太死;最后是拍柄不合适、手柄太粗或太细、柄皮太硬都比较容易磨出水泡。

(三)预防起水泡的主要方法

- 加强练习,以增强手掌皮肤的耐磨性。
- 选择拍柄粗细合适的球拍。
- 更换柔软防滑的柄皮,上面缠一层柔软的吸汗带。
- 选择大小合适、穿着舒适的运动鞋。
- 选择减震效果较好的球拍或为球拍安装减震器。
- 提高击球的准确性,避免击球瞬间球拍过多地被动旋转。
- 握拍自然放松,只在击球瞬间才用力握紧球拍。

(四)对已经磨出的水泡的处理方法

遵循避免感染的原则,注意保持水泡周围皮肤的干燥与清洁。

小而无破裂的水泡在经过一段时间后就会自然痊愈,无须进行特别处理。

对一些大水泡,则需及时就医,刺穿水泡边缘,挤出水泡内的液体,然后进行简单的包扎。值得注意的是,为避免水泡下的真皮受到感染,请保留水泡的表皮,切勿将其随意撕去。

二、跟腱炎

1.症状

抬脚时脚疼痛,脚后壁肿胀。

2.紧急措施

用冰块按摩;短暂的休息。

3.预防和治疗

选手在网球比赛或训练前充分做好热身活动和伸展运动,尤其是先天性足弱者;挑选合适的球鞋;检查击球时脚步位置正确与否。患病后,可用冰块按摩或使用消炎注射剂、医疗绷带等;严重者须做手术。

三、腱鞘炎

网球运动中,由于击球动作的特点,手腕及肩部肌肉反复收缩牵拉肌腱,使这些部位的腱鞘受到过度摩擦或挤压而引起的发炎,是局部运动量过大而疲劳引起的一种不适应性炎症反应,多发生于手腕、掌指关节、脚踝后部、肩前部等。

1.症状

在做挥拍动作或上臂外展上举动作时感到腕或肩部疼痛,平时也有压痛感,急性发作时局部肿胀明显,慢性损伤多不明显。

2.处理

较好的办法是每天训练后用冰敷。针刺疗法也有一定效果,以针刺压痛点为主。若上述处理不明显,则应在局部腱鞘内注射药物。在急性期应休息或停止运动,以免发展为慢性腱鞘炎。

3.预防

合理安排训练,防止局部过度负荷;击球动作的合理性对预防腱鞘炎也至关重要。此外,运动前后做好热身和放松活动,同时加强手腕力量对预防腱鞘炎有积极作用。

四、肌肉痉挛——抽筋

肌肉痉挛,也叫强直性的肌肉收缩,即抽筋。运动中常见的是小腿的腓肠肌和屈肌及屈趾肌。运动中若准备活动不足,肌肉受到寒冷刺激和体内的盐分的丢失则都会引起肌肉痉挛;运动中肌肉的连续收缩过快,而不能放松交替或过度疲劳均会引起抽筋。

1.症状

局部肌肉痉挛,疼痛难忍。痉挛有坚硬的感觉,而且一时不易缓解。

2.处理

平卧牵引痉挛的肌肉,一般可使之缓解。如腓肠肌和屈趾肌痉挛,将腿伸直,勾脚尖,牵引时用力宜缓,不可用暴力。

3.预防

注意食物中钙和盐的供应,排汗更多时应及时补充电解质;冬季主要保暖;充分做好准备活动和整理活动;容易发生肌肉痉挛的部位应事先做适当按摩;疲劳和饥饿时不宜进行剧烈的网球运动。

第四节 肩关节、膝关节损伤

一、肩关节损伤

(一)肩关节生理解剖特点

肩关节是人体最灵活的关节。它由肩胛骨的关节盂和肱骨头构成,形成球窝关节。这样的结构使得肩关节可以进行多种运动,包括屈、伸、收、展、旋转和环转。肱骨头的关节面较大,关节盂的面积仅为关节头的 1/3 或 1/4。肩关节周围的韧带少且弱,关节囊薄而松弛。因此,肩关节最灵活,运动幅度最大,但是关节的稳定性较差,加之周围软组织经常受到来自各方面的摩擦挤压,故而易发生劳损。在网球运动中,几乎每个击球动作都与肩关节有关,特别是大量重复同一动作,局部负担加重,加之肩关节固有的解剖弱点,往往容易导致肩关节损伤。

(二)肩关节损伤的技术因素

网球运动有特定的技术动作要求,如网球的发球、高压球和大力抽球的技术动作以及大量重复性动作。肩关节损伤多发生在发球技术中的挥拍击球上,在击打球的时候需要有球拍的明显加速过程,就是我们通常说的鞭打动作。发球和高压球技术由于挥臂动作幅度大,动作较复杂,击球时需要克服较大阻力向前下方做鞭打动作,上肢诸关节依次加速和制动,使末端环节产生较大速度,而扣出有力量的球或者摩擦出很快旋转的球。大力抽球,不仅动作幅度大和有力,而且重复性高,同样对于肩关节的承受力是极大的挑战。肩关节的反复旋转和超范围的急剧转动,特别是不断挥臂击球,会导致肩袖和肱骨大小关节之间的反复挤压和研磨。这种长期的磨损最终会导致劳损。

错误的技术动作会降低运动效率,并增加受伤的风险。在网球和其他运动中,发力的顺畅性、连贯性和协调性都非常重要。网球初学者或水平较一般的选手由于动作尚未定型或者动作不规范,动作容易脱节,发力不顺畅,致使某些部位局部负担较大,容易导致损伤。因此,掌握或者使用正确的技术动作能有效避免肩部运动损伤的发生。

(三)预防措施

在网球运动中,发球和高压球技术的特殊性给肩部带来了额外的负担。特别是运动素质一般的业余网球爱好者,在学习发球和高压球技术时一定要做好肩关节的伸展运动,避免受伤。除了一般准备活动外,尤其要做好专项热身活动,有针对性地做一些徒手挥拍动作,重点在加强肩关节的屈伸、展收以及环转的幅度上,还要朝不同方向牵拉肩关节韧带,同时注意使肩关节的运动负荷及幅度由小到大逐渐增强。

认真抓好专项素质训练是预防肩关节损伤的基础。网球技术绝不是单一的腕、肘用力,而是和肩、腰、腿连贯协同动作的完整技术体系。实践证明,增强上肢和躯干的力量及柔韧性,不仅可明显提高专项技术水平,而且能减少和预防肩关节损伤的发生,因此,应重点加强肩部周围肌肉的力量和伸展性练习。

如果肩部已经受过损伤,在积极治疗的同时及在做动作和肩部伸展运动时,一定要以循序渐进为原则,慢慢地增加力量和动作的幅度。若有条件,在放松按摩治疗的同时,则可进行冰敷。在冬季的室外球场打球时,要注意身体,特别是肩部的保暖,充分热身。

二、膝关节损伤

网球运动时下肢损伤率高于上肢,运动中扭转和急停的动作对膝关节反复施加扭转和剪切方向的载荷,使膝关节和其周围组织内部应力增大。此外,膝关节复杂的解剖结构也增加了其受损的风险。研究表明,每5个网球损伤中就有1例发生在膝关节处。通常,网球膝关节损伤以慢性损伤居多。常见的膝关节损伤包括肌腱炎、半月板损伤、滑囊炎等。

网球运动中预防膝关节损伤是非常重要的,尤其要注意平常教学与训练中对损伤的预防,重视运动前的准备活动,加强身体素质的全面发展与提高;加强踝、膝、肩、肘、腰等易伤部位的专项力量;注意运动过程中运动负荷的合理安排。

第五节 网球肘

网球肘,医学名称为"肱骨外上髁炎",亦称"肱桡关节滑囊炎",因在网球运动中较常见,故又称网球肘。网球肘是指手肘外侧的肌腱发炎疼痛。疼痛是由于负责手腕及手指背向伸展的肌肉重复用力引起的。患者会在用力抓握或提举物体时感到肘部外侧疼痛。网球肘是过劳性综合征的典型例子。

网球肘如果没有得到控制,症状加重时,局部疼痛则会加强,并由肘部向前臂扩展。当用力提重物或用双手拧毛巾时,局部疼痛会显著加强,在肘部的外侧或内侧有明显的压迫痛点。如果症状严重到徒手挥拍都很疼痛时,就得停止任何肘部的活动,立即就医。

一、产生原因

从击球动作分析,挥拍姿势不正确、用力不合理,是造成网球肘的主要原因,具体表现为:

- 反手击球时,没有有效地运用身体力量而让手臂过于发力,肘部过于急速伸直。
- 正手击球时,没有靠转腰、转肩的力量,而用手臂强直打球,即直臂打球。
- 一味地模仿职业球员的暴力打球动作,而没有根据自己的身体条件特点选择恰当的击球方式。
- 打球时不能经常击中甜区,击球时肘部常常远离身体。
- 对于一些比较容易打的"软"球,过于暴力地回击。

从机体的生理特性分析,打球时肘部所承受的冲击和震动是造成网球肘的根本原因。每个人的肌肉、关节、韧带的运动能力都有一定的极限。当击球动作的力量、旋转超过了手臂的正常承受能力时,长期练习,就会使前臂的肌腱前卫因反复过度牵扯而劳损,形成网球肘。有时,也因为网球拍的减震效果差,穿线磅数过大,增加了手臂的负担,从而形成网球肘。

二、预防措施

- 加强手臂、手腕的力量练习和柔韧性练习。

- 练习时应注意,运动的强度要合理,不可使手臂过度疲劳。
- 平时打球前,要充分做好热身活动,特别是手臂和手腕的内旋、外旋、背伸练习。
- 每次打球后,要重视放松练习。最好是按摩手臂,使肌肉柔软不僵硬,保证手臂肌肉紧张与收缩的协调性,避免网球肘的产生。
- 有效地使用弹力绷带和护肘,对慢性网球肘的伤情扩展有一定的限制。
- 根据自己的击球特点,选择软硬适当的球拍。不同击球方式的业余网球爱好者如不慎选择较硬或较软的球拍,都有可能造成网球肘。
- 选用甜区打、重量轻、穿线松的合适球拍,也能有效地减少网球肘的产生。
- 一定要纠正错误的击球动作,这是根治网球肘的最好方法。

三、网球肘的治疗

当形成了网球肘时,根据症状的轻重、疼痛程度不一,治疗方法也各有不同。早期症状,疼痛较轻,采用按摩和理疗的方法,训练后要立即冰敷。如果疼痛减轻,则可缠绕弹力绷带或戴上护肘,这样可以减轻疼痛,恰当、慢速地做弹力带的恢复练习。

(1)急性发作期,疼痛剧烈,应以静养、休息为主,绝不要临时绑上绷带或带上护肘继续上场打球,那只会使病情加重。在有条件的情况下,最好使用冰敷来缓解疼痛,但要注意冰敷时间以 10－15 分钟为宜,不要太长,以免冻伤皮肤。

(2)一般急性发作期,疼痛减轻后,可缓慢地做些适当的练习,但应注意,在三个星期内保证不重复做造成损伤肘部的动作,以后可逐渐练习改进过去的技术动作,两个月后方可参加正常练习。

一般慢性网球肘的治疗,多采用手臂的各种伸展运动、弹力带等来缓解伤痛。

第十章

网球相关英语词汇

第一节 关于网球场地部分

tennis court	网球场
net	球网
baseline	底线
sideline	边线
singles line	单打线
doubles line	双打线
service line	发球线
service court	发球区
centre mark	重点
centre service line	发球中线
the left service court	左发球区
the right service court	右发球区
advantage court	左发球区,占优区

hard court	硬地
grass court	草地
clay court	泥地
red clay court	红土球场
permanent fixtures	球场固定物
back and side stops	挡网
carpet court	毯式球场
synthetic court	塑胶球场
scoreboard	记分牌
water pusher	推水器
strap	中心拉带
mid-court	中场

第二节　关于网球装备

ball	球
ball clip	球夹
tennis stringer	穿线机
grip	手柄
racket	网球拍
vibration dampening device	避震器
throat	拍颈
racket face	拍面
oversize	大拍面
midsize	中拍面

sweet point	甜点
cap	网球帽
skirt	网球裙
stiffness	硬度
control	控制
head size	拍头尺寸
length	球拍长度
composition	材料构成
graphite	碳纤维

第三节　关于网球技术用语

grip	握拍
eastern grip	东方式握拍
western grip	西方式握拍
continental grip	大陆式握拍
forehand	正手
backhand	反手
swings	挥拍
one-hand backhand	单反
two-hand backhand	双反
flat	平击
drive	抽球
topspin	上旋
backspin/under spin	下旋

service/serve	发球
ball toss	抛球
cannon ball	炮弹式发球
first serve	一发
second serve	二发
volley	网前截击
smash	高压
coach	教练
lob	挑高球
received/return	接发球
slice	切削
topspin	上旋
down the line shot	直线
cross court shot	斜线
contact point	击球点
deep ball	深球
ground stroke	击落地球
half volley	凌空
attack	进攻
defend	防守
open stance	开放式站位
closed stance	关闭式站位
semi-open stance	半开放式站位
footwork	步法
vertical face	拍面角度
all court player	全面性选手

net player	上网型选手
baseline player	底线型选手
rally	对打
professional player	职业运动员

第四节 国际网球组织和赛事用语

International Tennis Federation	国际网球联合会(ITF)
Association Tennis Professional	国际男子职业网球协会(ATP)
Women's Tennis Association	国际女子职业网球协会(WTA)
Wimbledon	温布尔登网球公开赛
US Open	美国网球公开赛
French Open	法国网球公开赛
Australia Open	澳大利亚网球公开赛
Davis Cup	戴维斯杯(男子最高级别网球团体赛)
Federation Cup	联合会杯(女子最高级别网球团体赛)
Hopmen Cup	霍普曼杯(混合团体赛事)
Grand Slam	大满贯
Championship	锦标赛
Tennis tournament	网球巡回赛
Gold Slam	金满贯

第五节 网球比赛和裁判用语

foot fault	脚误

ace	发球直接得分
fault	发球失误
double fault	双误
let	发球擦网（重发）
net	擦网
replay	重赛
ball falls on line	压线球
out	出界
in	界内球
unsighted	没看见
hands signal	手势
abuse of racket	摔球拍
warming	警告
deuce	平分
advantage	占线
ball change	更换新球
rest period	休息时间
not up	二跳
two bounce	二跳
point penalty	罚分
body touch	身体触网
toss	挑边
an add number of game	单数局
an even number of game	双数局
warm up	热身
point	分

set	盘
game point	局点
set point	盘点
match point	赛点
break point	破发点
love	0 分
fifteen	15 分
thirty	30 分
forty	40 分
all	平分(如 15∶15,称为 fifteen all)
change service	交换发球
change sides	交换场地
the best of three set	三盘二胜制
the best of five set	五盘三胜制
qualifying matches	预赛
quarterfinals	四分之一决赛
semifinals	半决赛
final	决赛
tiebreak	平局决胜制
advantage set	长盘制
advantage	占先
change service	交换发球
change sides	交换场地
wild card	外卡
seeded player	种子选手
main draw players	正选选手

bye	轮空
withdraw	比赛前弃权
tired	比赛中弃权
ranking	排名
chair umpire	主裁判
line umpire	司线
ball boy/kids	球童
challenger	挑战赛
futures	希望赛
invitational match	邀请赛
satellite	卫星赛
veterans' match	元老赛

参考文献

[1]陶志翔.网球运动教程[M].北京:高等教育出版社,2003.

[2]郭立亚.网球[M].重庆:西南师范大学出版社,2003.

[3]宇文.网球——传承文明的优雅运动[J].文体用品与科技,2011,(1):26-29.

[4]李博,鲍勤,缪律,等.网球运动生物学特征综述[J].中国体育科技,2017,53(5):69-83.

[5]董进霞.女性与体育:历史的透视[M].北京:北京体育大学出版社,2005.

[6]张少武,李露露.2021年澳大利亚网球公开赛女子单打决赛技战术特征分析[J].文体用品与科技,2021,(17):176-178.

[7]金其荣.体育与健康实践教程[M].北京:北京大学出版社,2007.

[8]铙蕾芝.四大满贯赛事之美国网球公开赛[J].吉林劳动保护,2013,(5):41.

[9]秦勉.网球拍有"大智慧"[N].北京科技报,2011-09-26.

[10]宋冰,曹梅.不同握拍方式下网球初学者正手击球效果的对比研究——以高校大学生群体为例[J].滁州学院学报,2019,21(2):70-74.

[11]徐晓林,张怀君,高萌,等.大学生体育与健康[M].北京:中国科学技术出版社,2004.

[12]方展画.高等教育学[M].杭州:浙江大学出版社,2000.

[13]章凌凌,陈锡尧.我国高校网球教学中的快易网球实验研究——以上海财经大学为例[J].体育科研,2012,33(3):96-99.

[14]于素梅,李志杰,朱红香.中学体育教材教法[M].北京:北京体育大学出版社,2003.

[15]赵激扬.体育教育实习新论[M].北京:电子科技大学出版社,2008.

[16]张瑞林,闻兰,黄晓明.普通高等学校体育课程建设理论与实践研究[M].北京:北京体育大学出版社,2005.

[17]赵立,杨铁黎,冯霞.体育教学设计与教案编写[M].北京:北京体育大学出版社,2005.

[18]曲宗湖.中小学体育课教案设计[M].南宁:广西师范大学出版社,2000.

[19]杨宇晨,蒋宏伟.现代网球功能性体能训练方法研究——以叶恩体能训练方法为例[J].南京体育学院学报(自然科学版),2016,15(1):73-77.